AF542601

Première édition in-12.
(Bibliothèque de M. Rondel.)

CINNA
OU
LA CLEMENCE D'AUGUSTE.

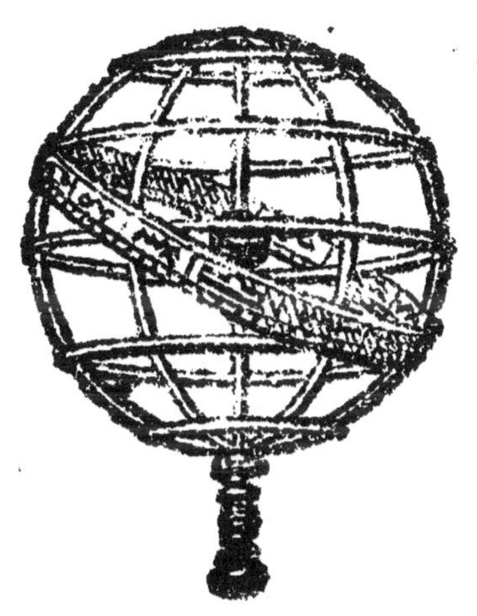

Suiuant la Copie imprimée

A PARIS.

CIƆ IƆ C XLVIII.

A MONSIEVR DE MONTORON.

ONSIEVR,

Ie vous presente vn tableau d'vne des plus belles actions d'Auguste. Ce Monarque estoit tout genereux, & sa generosité n'a iamais paru auec tant d'esclat que dans les effects de sa clemence & de sa liberalité. Ces deux rares vertus luy estoient si naturelles & si inseparables en luy, qu'il semble qu'en cette Histoire que i'ay mise sur nostre Theatre, elles se soient tour à tour entre-produites dans son ame. Il auoit esté si liberal enuers Cinna, que sa coniuration ayant fait voir vne ingratitude extraordinaire, il eut besoin d'vn extraordinaire effort de clemence pour luy pardonner, & le pardon qu'il luy donna fut la source des nouveaux bien-faits dont il luy fut prodigue, pour vaincre tout à fait cet esprit qui n'auoit peu estre gaigné par les premiers ; de sorte qu'il est vray de dire, qu'il eust esté moins clement enuers luy s'il eust esté moins liberal, & qu'il eust esté moins liberal s'il eust esté moins clement. Cela estant, à qui pourrois-ie plus iustement donner le portraict de l'vne de ces Heroïques vertus qu'à celuy qui possede l'autre en vn si haut degré, puisque dans cette action ce grand Prince les a si bien attachées, & comme vnies l'vne à l'autre, qu'elles ont esté tout ensemble & la cause & l'effect l'vne de l'autre? Vous auez des richesses, mais vous sçauez en iouyr, & vous en iouyssez d'vne façon si noble, si releuée, & tellement illustre, que vous forcez la voix publique d'aduoüer que la fortune a consulté la raison quand elle a respandu ses faueurs sur vous, & qu'on a plus de subiet de vous en souhaiter le redoublement, que de vous en enuier l'abondance. I'ay vescu si esloigné de la flaterie que

que ie pense estre en possession de me faire croire quand ie dis du bien de quelqu'vn, & lors que ie donne des loüanges, ce qui m'arriue assez rarement, c'est auec tant de retenuë, que ie supprime tousiours quantité de glorieuses veritez pour ne me rendre pas suspect d'estaler de ces mensonges obligeans, que beaucoup de nos modernes sçauent debiter de si bonne grace. Aussi ie ne diray rien des auantages de vostre naissance, ny de vostre courage, qu'il a si dignement soustenu dans la profession des Armes à qui vous auez donné vos premieres années, ce sont des choses trop cogneües de tout le monde : Ie ne diray rien de ce prompt & puissant secours que reçoiuent chasque iour de vostre main tant de bonnes familles ruinées par les desordres de nos guerres, ce sont des choses que vous voulez tenir cachées : Ie diray seulement vn mot de ce que vous auez particulierement de commun auec Auguste. C'est que cette generosité qui compose la meilleure partie de vostre ame, & regne sur l'autre, & qu'à iuste titre on peut nommer l'ame de vostre ame, puis qu'elle en fait mouuoir toutes les puissances, c'est dis-ie, que cette generosité à l'exemple de ce grand Empereur prend plaisir à s'estendre sur les gens de lettres, en vn temps où beaucoup pensent auoir trop recompensé leurs trauaux quand ils les ont honorez d'vne loüange sterile. Et certes, vous auez traicté quelques-vnes de nos Muses auec tant de magnanimité, qu'en elles vous auez obligé toutes les autres, & qu'il n'en est point qui ne vous en doiue vn remerciement. Trouvez donc bon, MONSIEVR, que ie m'acquite de celuy qui ie reconnoy vous en deuoir, par le present que ie vous fais de ce Poëme, que i'ay choisy comme le plus durable des miens, pour apprendre plus long-temps à ceux qui le liront, que le genereux Monsieur de Montoron par vne liberalité inoüye en ce siecle s'est rendu toutes les Muses redeuables, & que ie prends tant de part aux bien-faits dont vous auez surpris quelques-vnes d'elles, que ie m'en diray toute ma vie,

MONSIEVR,

Vostre tres-humble, & tres-obligé seruiteur,

CORNEILLE.

MON-

MONTAGNE liu. 1. de ses Essais, chap. 23.

L'Empereur *Auguste* estant en la Gaule receut certain aduertissement d'vne coniuration que luy brassoit L. Cinna, il delibera de s'en vanger, & manda pour cet effet au lendemain le conseil de ses amis: mais la nuict d'entre-deux il la passa auec grande inquietude, considerant qu'il auoit à faire mourir vn ieune homme de bonne maison, nepueu du grand Pompée, & produisoit en se plaignant diuers discours. Quoy donc, faisoit-il, sera-il dit que ie demeureray en crainte & en alarme, & que ie lairray mon meurtrier se promener cependant a son aise? S'en ira-il quitte ayant assailly ma teste, qui i'ay sauuée de tant de guerres ciuiles de tant de batailles par mer & par terre? & apres auoir estably la paix vniuerselle du monde, sera-il absous ayant deliberé non de me tuer seulement, mais de me sacrifier? Car la coniuration estoit faicte de le tuer comme il feroit quelque sacrifice. Apres cela s'estant tenu coy quelque espace de temps, il recommençoit d'vne voix plus forte & s'en prenoit a soy-mesme. Pourquoy vis-tu, s'il importe à tant de gens que tu meures? ny aura-il point de fin à tes vengeances & à tes cruautez? Ta vie vaut-elle que tant de dommage se face pour la conseruer? Liuia sa femme le sentant en ces angoisses: & les conseils des femmes y seront-ils receus, luy dit-elle?

fay ce que font les Medecins, quand les receptes accoustumées ne peuuent seruir, ils en essayent de contraires. Par seuerité tu n'as iusques à cette heure rien profité. Lepidus a suiuy Saluidienus, Murena Lepidus, Capio Murena, Egnatius Capio, commence à experimenter comment te succederont la douceur & la clemence. Cinna est conuaincu, pardonne luy, de te nuire desormais il ne pourra, & profitera à ta gloire. Auguste fut bien aise d'auoir trouué vn Aduocat de son humeur, & ayant remercié sa femme & contremandé ses amis qu'il auoit assigné au Conseil il commanda qu'on fit venir à luy Cinna tout seul: & ayant fait sortir tout le monde de sa chambre, & fait donner vn siege à Cinna il luy parla en cette maniere. En premier lieu, ie te demande, Cinna, paisible audiance: n'interromps pas mon parler, ie te donneray temps à loisir d'y respondre. Tu sçais, Cinna, que t'ayant pris au camp de mes ennemis, non seulement t'estant fait mon ennemy, mais estant né tel, ie te sauuay, ie te mis entre les mains tous tes biens, & t'ay enfin rendu si accommodé & si aisé que les victorieux sont enuieux de la condition du vaincu: l'office du Sacerdoce que tu me demandas, ie te l'octoyay l'ayant refusé à tant d'autres, desquels les Peres auoient tousiours combattu auec moy: t'ayant si fort obligé tu as entrepris de me tuer. A quoy Cinna s'estant escrié quil estoit bien esloigné d'vne si meschante pensée, tu ne me tiens pas Cinna, ce que tu m'auois promis, suiuit Auguste: tu m'auois asseuré que ie ne serois interrompu: oüy, tu as entrepris de me tuer, en tel lieu, tel iour, en telle compagnie, & en telle façon: & le voyant transi de ces nouuelles & en silence non plus pour tenir le marché de se taire, mais de la presse de sa conscience. Pourquoy, adiousta-il, le fais-tu? Est-ce pour estre Empereur? Vrayement il va bien mal à la chose publique s'il s'il n'y a que moy qui t'empesche d'arriuer à l'Empire. Tu ne peux pas seulement defendre ta maison, & perdis dernierement vn procez par la faueur d'vn simple libertin. Quoy? n'as-tu pas moyen ny pouuoir en autre chose qu'à entreprendre Cesar? Ie le quitte s'il n'y a que moy qui empesche tes esperances. Penses tu que Paulus, que Fabius, que les Cosséens & Seruiliens te souffrent & vne si grande troupe de nobles, non seulement nobles, mais qui par leur vertu honorent leur noblesse? Apres plusieurs autres propos, (Car il parla à luy plus de deux heures entieres.) Or va, luy dit-il, ie te donne, Cinna, la vie à traistre & à parricide, que ie donnay autrefois à ennemy: que l'amitié commence de ce iourd'huy entre nous: essayons qui de nous deux de meilleure foy, moy t'aye donné la vie, ou tu l'ayes receuë. Et se departit d'auec luy en cette maniere. Quelque temps apres il luy donna le Consulat, se plaignant de quoy il ne luy auoit osé demander, il l'eut depuis pour fort amy & fut seul fait par luy heritier de ses biens. Or depuis cét accident qui aduint à Auguste au quarantiesme an de son âge il n'y eut iamais de coniuration ny d'entreprise contre luy, & receut vne iuste recompense de cette sienne clemence.

ACTEVRS.

OCTAVE CESAR AVGVSTE Empereur de Rome.

LIVIE Imperatrice.

CINNA Fils d'vne fille de Pompée, Chef de la conjuration contre Auguste.

MAXIME Autre Chef de le coniuration.

ÆMILIE Fille de C. Toranius tuteur d'Auguste & proscrit par luy durant le Triumvirat.

FVLVIE Confidente d'Æmilie.

POLYCLETE Affranchy d'Auguste.

EVANDRE Affranchy de Cinna.

EVPHORBE Affranchy de Maxime.

La Scene est à Rome.

CINNA TRAGEDIE.

ACTE I.

SCENE PREMIERE.

ÆMILIE.

IMPATIENS desirs d'vne illustre vangeance
A qui la mort d'vn pere a donné la naissance,
Enfans impetueux de mon ressentiment
Que ma douleur seduite embrasse aueuglement,
Vous regnés sur mon ame auecque trop d'empire,
Pour le moins vn moment souffrés que ie respire,
Et que ie considere en l'estat où ie suis,
Et ce que ie hazarde, & ce que ie poursuis.
Quand ie regarde Auguste en son trône de gloire,
Et que vous reprochés a ma triste memoire
Que par sa propre main mon pere massacré,
Du trône où ie le voy fait le premier degré;
Quand vous me presentés cette sanglante image,
La cause de ma haine, & l'effet de sa rage.
Ie m'abandonne toute à vos ardens transports,
Et croy pour vne mort, luy deuoir mille morts:

Au

Au milieu toutefois d'vne faueur si iuste.
I'ayme encor plus Cinna que ie ne hais Auguste,
Et ie sens refroidir ce boüillant mouuement
Quand il faut pour le perdre exposer mon amant.
Ouy, Cinna, contre moy moy-mesme ie m'irrite,
Quand ie songe aux dangers où ie te precipite,
Quoy que pour me seruir tu n'apprehendes rien,
Te demander son sang, c'est exposer le tien.
D'vne si haute place on n'abat point de testes,
Sans attirer sur soy mille & mille tempestes,
L'issuë en est douteuse, & le peril certain:
Vn amy déloyal peut trahir ton dessein,
L'ordre mal concerté, l'occasion mal prise,
Peuuent dessus ton chef renuerser l'entreprise,
Porter sur toy les coups dont tu le veux frapper,
Dans sa ruine mesme il peut t'enueloppper,
Et qu'oy qu'en ma faueur ton amour execute,
Il te peut en tombant accabler sous sa cheute.
Ah! cesse de courir à ce mortel danger,
Te perdre en me vangeant, ce n'est pas me vanger,
Vn cœur est trop cruel quand il trouue des charmes
Aux douceurs que corrompt l'amertune des larmes,
Et ie tiens qu'il faut mettre au rang des grands mal heurs
La mort d'vn ennemy qui nous couste des pleurs.
Mais peut-on en verser alors qu'on vange vn pere?
Est-il perte à ce prix qui ne semble legere?
Et quand son assassin tombe sous nostre effort.
Doit-on considerer ce que couste sa mort?
Cessés vaines frayeurs, cessés lasches tendresses
De ietter dans mon cœur vos indignes foiblesses,
Et toy qui les produis par tes soins superflus,
Amour, sers mon deuoir, & ne le combats plus,
Luy ceder c'est ta gloire, & le vaincre, ta honte,
Monstre toy genereux, souffrant qu'il te surmonte,

Plus tu luy donneras, plus il te va donner,
Et ne triomphera que pour te couronner.

SCENE II.

ÆMILIE, FVLVIE.

ÆMILIE.

IE l'ay iuré, Fuluie, & ie le iure encore, (dore,
Quoy que i'ayme Cinna, quoy que mon cœur l'a-
S'il me veut posseder, Auguste doibt perir,
Sa teste est le seul prix dont il peut m'acquerir,
Ie luy prescris la loy que mon deuoir m'impose.

FVLVIE.

Elle a pour la blasmer vne trop iuste cause,
Par vn si grand dessein vous vous faites iuger
Digne sang de celuy que vous voulez vanger,
Mais encor vne fois souffrez que ie vous die
Que cette passion dûst estre refroidie,
Auguste chaque iour à force de bien-faits
Semble assez reparer les maux qu'il vous a faits,
Sa faueur enuers vous paroist si declarée,
Que vous estes chez luy la plus considerée,
Et de ses courtisans souuent les plus heureux
Ont encore besoin que vous parliez pour eux.

ÆMILIE.

Toute cette faueur ne me rend pas mon pere.
Et de quelque façon que l'on me considere,
Abondante en richesse ou puissante en credit,
Ie demeure tousiours la fille d'vn proscrit. (ses,
Les bien-faits ne font pas tousiours ce que tu pen-
D'vne main odieuse ils tiennent lieu d'offences,
Plus nous en prodiguons à qui nous peut haïr,
Plus d'armes nous donnons à qui nous veut trahir.
Il m'en fait chaque iour sans changer mõ courage,
Ie suis ce que i'estois, & ie puis dauantage,
Et des mesmes presens qu'il verse dans mes mains
I'achepte contre luy les esprits des Romains.

Ie receurois de luy la place de Liuie,
Comme vn moyen plus ſeur d'attenter à ſa vie,
Pour qui vange ſon pere il n'eſt point de forfaits,
Et c'eſt vendre ſon ſang que ſe rendre aux bienfaits.

FVLVIE.

Quel beſoin toutefois de paſſer pour ingrate?
Ne pouuez-vous haïr ſans que la haine eſclatte?
Aſſez d'autres ſans vous n'ont pas mis en oubly
Par quelles cruautez ſon trône eſt eſtably;
Tant de braues Romains, tant d'illuſtres victimes,
Qu'a ſon ambition ont immolé ſes crimes,
Laiſſent à leurs enfans d'aſſez viues douleurs
Pour vanger voſtre perte en vangeant leurs malheurs.
Beaucoup l'ont entrepris, mille autres vont les ſuiure,
Qui vit haî de tous ne ſçauroit long-temps viure,
Remettez à leurs bras les communs intereſts,
Et n'aydez leurs deſſeins que par des vœux ſecrets.

ÆMILIE.

Quoy, ie le haïray ſans taſcher de luy nuire?
I'attendray du hazard qu'il oſe le deſtruire?
Et ie ſatisferay des deuoirs ſi preſſans
Par vne haine obſcure & des vœux impuiſſans!
Sa perte que ie veux me deuiendroit amere
Si quelqu'vn l'immoloit à d'autres qu'a mon pere,
Et tu verrois mes pleurs couler pour ſon treſpas
Qui le faiſant perir ne me vangeroit pas.
C'eſt vne laſcheté que de remettre à d'autres
Les intereſts publics qui s'attachent aux noſtres,
Ioignons à la douceur de vanger nos parens
La gloire qu'on r'emporte à punir les tyrans,
Et faiſons publier par toute l'Italie,
La liberté de Rome eſt l'œuure d'Æmilie,
On a touché ſon ame & ſon cœur s'eſt eſpris,
Mais elle n'a donné ſon amour qu'a ce prix.

FVL-

FVLVIE.

Vostre amour à ce prix n'est qu'vn present funeste,
Qui porte à vostre amant sa perte manifeste.
Pensez mieux, Æmilie, a quoy vous l'exposez,
Combien à cét escueil se sont desià brisez,
Ne vous aueuglez point quand sa mort est visible.

ÆMILIE.

Ah! tu sçais me frapper par où ie suis sensible,
Quand ie songe aux hazards que ie luy fais courir,
La crainte de sa mort me fait desià mourir,
Mon esprit en desordre à soy-mesme s'oppose,
Ie veux & ne veux pas, ie m'emporte & ie n'ose,
Et mon deuoir confus, languissant, estonné,
Cede aux rebellions de mon cœur mutiné.
Tout beau, ma passion, deuiens vn peu moins forte,
Tu vois bien des hazards, ils sont grands, mais n'importe,
Cinna n'est pas perdu pour estre hazardé
De quelques legions qu'Auguste soit gardé,
Quelque soin qu'il se donne, & quelque ordre qu'il tienne,
Qui mesprise sa vie est maistre de la sienne,
Plus le peril est grand, plus doux en est le fruit,
La vertu nous y iette, & la gloire le suit.
Quoy qu'il en soit, qu'Auguste, ou que Cinna perisse,
Aux Manes paternels ie doibs ce sacrifice,
Cinna me l'a promis en receuant ma foy,
Et ce coup seul aussi le rend digne de moy.
Il est tard apres tout de m'en vouloir dédire,
Aujourd'huy l'on s'assemble, aujourd'huy l'on conspire,
L'heure, le lieu, le bras se choisit aujourd'huy,
Et c'est à faire en fin à mourir apres luy.

SCENE III.

CINNA, ÆMILIE, FVLVIE.

ÆMILIE.

Mais le voicy qui vient. Cinna, vostre assemblée
Des grandeurs du peril n'est-elle point troublée,
Et reconnoissez-vous au front de vos amis
Qu'ils soiét prests à tenir ce qu'ils vous ont promis?

CINNA.

Iamais contre vn tyran entreprise conceuë
Ne permit d'esperer vne si belle issuë,
Iamais de telle ardeur on ne iura sa mort,
Et iamais coniurez ne furent mieux d'accord:
Tous s'y monstrent portez auec tant d'allegresse
Qu'ils semblent comme moy seruir vne maistresse,
Et tous font éclatter vn si puissant courroux
Qu'ils semblent tous vanger vn pere comme vous.

ÆMILIE.

Ie l'auois bien préueu que pour vn tel ouurage
Cinna sçauroit choisir des hommes de courage,
Et ne remettroit pas en de mauuaises mains
L'interest d'Æmilie & celuy des Romains.

CINNA.

Pleust aux Dieux que vous mesme eussiez veu de quel zele
Cette troupe entreprend vne action si belle!
Au seul nom de César, d'Auguste, & d'Empereur,
Vous eussiez veu leurs yeux s'allumer de fureur,
Et dans vn mesme instant par vn effet contraire
Leur front paslir d'horreur & rougir de colere.
Amis, leur, ay-ie dit, voicy le iour heureux
Qui doit conclurre en fin nos desseins genereux,
Le Ciel entre nos mains a mis le sort de Rome,
Et son salut dépend de la perte d'vn homme,
Si l'on doit le nom d'homme à qui n'a rien d'humain,
A ce Tigre alteré de tout le sang Romain.

Com-

Combien pour le respandre a-t'il formé de brigues?
Combien de fois changé de partis & de ligues,
Tantost amy d'Antoine & tantost ennemy,
Et iamais insolent ny cruel à demy?
Là par vn long recit de toutes les miseres
Que durant nostre enfance ont enduré nos peres,
Renouuelant leur haine auec leur souuenir
Ie redouble en leurs cœurs l'ardeur de le punir.
Ie leur fais des tableaux de ces tristes batailles
Où Rome par ses mains déchiroit ses entrailles,
Où l'Aigle abatoit l'Aigle, & de chaque costé
Nos legions s'armoient contre leur liberté,
Où le but des soldats & des chefs les plus braues
C'estoit d'estre vainqueurs pour devenir esclaues,
Où chacun trahisoit aux yeux de l'Vniuers
Soy-mesme & son pays pour asseurer ses fers,
Et taschant d'acquerir auec le nom de traistre
L'abominable honneur de luy donner vn maistre,
Romains contre Romains, parens contre parens
Combatoient seulement pour le choix des tyrans.
I'adiouste à ces tableaux la peinture effroyable
De leur concorde effreuse horrible, impitoyable,
Funeste aux gens de bien, aux riches, au Senat,
Et pour tout dire en fin de leur Triumuirat.
Mais ie ne trouue point de couleurs assez noires
Pour en representer les Tragiques histoires.
Ie les peins dans le meurtre à l'enuy triomfans,
Rome intiere noyée au sang de ses enfans,
Les vns assassinez dans les places publiques,
Les autres dans le sein de leurs Dieux domestiques,
Le méchant par le prix au crime encouragé,
Le mary par sa femme en son lict égorgé,
Le fils tout degouttant du meurtre de son pere
Et sa teste à la main demandat son salaire,
Sans exprimer encore auecque tous ces traits
Qu'vn crayon imparfait de leur sanglante paix.

Vous diray-ie les noms de ces grands personnages
Dont i'ay dépeint les morts pour aigrir les courages,
Ces illustres proscrits, ces demy-Dieux mortels
Qu'on a sacrifiez iusques sur les Autels?
Mais pourrois-ie vous dire à quelle impatience,
A quels fremissemens, à quelle violence
Ces indignes trépas, quoy que mal figurez,
Ont porté les esprits de tous nos coniurez?
Ie n'ay point perdu temps, & voyant leur colere
Au point de ne rien craindre, en estat de tout faire,
I'adiouste en peu de mots: Toutes ces cruautez,
La perte de nos biens & de nos libertez,
Le rauage des champs, le pillage des villes,
Et les proscriptions, & les guerres ciuiles,
Sont les degrez sanglans dont Auguste a fait choix
Pour mõter dans le trône & nous donner des loix.
Rendons toutefois grace à la bonté celeste
Que de nos trois tyrans c'est le seul qui nous reste,
Et que iuste vne fois il s'est priué d'appuy
Perdant pour regner seul deux meschans comme luy.
Luy mort, nous n'auons point de vangeur ny de maistre,
Auec la liberté Rome s'en va renaistre,
Et nous meriterons le nom de vrays Romains
Si le ioug qui l'accable est brisé par nos mains.
Prenons l'occasion tandis qu'elle est propice,
Demain au Capitole il fait vn sacrifice,
Qu'il en soit la victime, & faisons en ces lieux
Iustice à tout le monde à la face des Dieux:
Là presque pour sa suite il n'a que nostre troupe,
C'est de ma main qu'il prēd & l'ences & la coupe,
Et ie veux pour signal que cette mesme main
Luy donne au lieu d'encens d'vn poignard dans le sein,
Ainsi d'vn coup mortel la victime frappée
Fera voir si ie suis du sang du grand Pompée,
Faites voir apres moy si vous vous souenez

Des illuſtres ayeux de qui veux eſtes nez.
A peine ay-ie acheué que chacun renouuelle
Par vn noble ſerment le vœu d'eſtre fidelle,
L'occaſion leur plaiſt ; mais chacun veut pour ſoy
L'honneur du premier coup que i'ay choiſi pour moy :
La raiſon regle en fin l'ardeur qui les emporte,
Maxime & la moitié s'aſſeurent de la porte,
L'autre moitié me ſuit & doit l'enuironner,
Preſte au moindre ſignal que ie voudray donner.
Voilà, belle Æmilie, à quel point nous en ſommes
Demain i'attens la haine, ou la faueur des hommes,
Le nom de patricide, ou de liberateur,
Céſar celuy de Prince, ou bien d'vſurpateur.
Du ſuccez qu'on obtient contre la tyrannie
Dépend ou noſtre gloire, ou noſtre ignominie,
Et le peuple inégal à l'endroit des tyrans,
S'il les deteſte morts, les adore viuans.
Pour moy, ſoit que le Ciel me ſoit dur, ou propice,
Qu'il m'éleue à la gloire, ou me liure au ſupplice,
Que Rome ſe declare, ou pour, ou contre nous,
Mourant pour vous ſeruir tout me ſemblera doux.

ÆMILIE.

Ne crain point de ſuccez qui ſoüille ta memoire,
Le bons & les mauuais ſont égaux pour ta gloire,
Et dans vn tel deſſein le manque de bon-heur
Met en peril ta vie & non pas ton honneur.
Regarde le mal-heur de Brute & de Caſſie,
La ſplendeur de leurs noms en eſt-elle obſcurcie?
Ont-ils perdu celuy de derniers des Romains?
Et ſont-ils morts entiers auecque leurs deſſeins?
Leur memoire dans Rome eſt ençor precieuſe
Autant que de Céſar la vie eſt odieuſe :
Si leur vainqueur y regne, ils y ſont regrettez,
Et par les vœux de tous leurs pareils ſouhaitez.

Va marcher sur leurs pas où l'honneur te conuie,
Mais ne pers pas le soin de conseruer ta vie,
Souuien-toy du beau feu dont nous sommes espris,
Qu'aussi bien que la gloire Æmilie est ton prix,
Que tu me dois ton cœur, que mes faueurs s'attendent, (pendent.
Que tes iours me sont chers, que les miens en de-
Et que . . . Mais quel suiet méne Euandre vers nous ?

SCENE IV.

CINNA, ÆMILIE, EVANDRE, FVLVIE.

EVANDRE.

Seigneur, César vous mande, & Maxime auec vous.

CINNA.

Et Maxime auec moy ! le sçais-tu bien, Euandre?

EVANDRE.

Polyclete est encor chez vous à vous attendre
Et fust venu luy-mesme auec moy vous chercher,
Si ma dexterité n'eust sceu l'en empescher:
Ie vous en donne aduis de peur d'vne surprise,
Il presse fort.

ÆMILIE.

Mander les chefs de l'entreprise !
Tous deux! en mesme temps! vous estes découuers.

CINNA.

Esperons mieux, de grace.

ÆMILIE.

Ah! Cinna, ie te pers,
Et les dieux obstinez à nous donner vn maistre
Parmy tes vrais amis ont meslé quelque traistre,
Il n'en faut point douter, Auguste a tout apris,
Quoy, tous deux! & si tost que le conseil est pris!

CINNA.

Ie ne vous puis celer que son ordre m'estonne,
Mais souuent il m'appelle auprés de sa personne,
Maxime est comme moy de ses plus confidens,
Et nous nous alarmons peut-estre en imprudens.

ÆMILIE.

Sois moins ingenieux a te tromper toy-mesme,
Cinna, ne porte point mes maux iusqu'à l'extréme,
Et puisque desormais tu ne me peux vanger,
Dérobbe au moins ta teste à ce mortel danger,
Fuy d'Auguste irrité l'implacable colere;
Ie verse assez de pleurs pour la mort de mon pere,
N'aigry point ma douleur par vn nouueau tourment,
Et ne luy permets point de m'oster mon amant.

CINNA.

Quoy! sur l'illusion d'vne terreur Panique
Trahir vos interest & la cause publique!
Par cette lâcheté moy mesme m'accuser,
Et tout abandonner quand il faut tout oser!
Que feront nos amis si vous estes deçeuë?

ÆMILIE.

Mais que deuiendras-tu si l'entreprise est sçeue?

CINNA.

S'il est pour me trahir des esprits assez bas,
Ma vertu pous le moins ne me trahira pas,
Vous la verrez brillante au bord des precipices
Se couronner de gloire en brauant les supplices,
Rendre Auguste ialoux du sang qu'il répandra,
Et le faire trembler alors qu'il me, perdra,
Ie deuiendrois suspect à tarder dauantage:
Adieu, raffermissez ce genereux courage,
S'il faut subir le coup d'vn destin rigoureux,
Ie mourray tout ensemble heureux, & mal heureux,
Heureux pour vous seruir d'abandonner ma vie,
Mal-heureux de mourir sans vous auoir seruie.

ÆMI-

ÆMILIE.

Ouy, va, n'écoute plus ma voix qui te retient,
Mon trouble se dissipe & ma raison reuient,
Pardonne à mon amour cette indigne foiblesse,
Tu voudrois fuyr en vain, Cinna, ie le confesse,
Si tout est découuert Auguste a sçeu pouruoir
A ne te laisser pas ta fuite en ton pouuoir:
Porte, porte chez luy cette masle asseurance
Digne de nostre amour, digne de ta naissance;
Meurs, s'il y faut mourir, en citoyen Romain,
Et par vn beau trépas couronne vn beau dessein:
Ne crain pas qu'apres toy rien icy me retienne,
Ta mort emportera mon ame vers la tienne,
Et mon cœur aussi tost percé des mesmes coups...

CINNA.

Ah! souffrez que tout mort ie viue encor en vous,
Et du moins en mourant permettez que i'espere
Que vous sçaurez vanger l'amant auec le pere.
Dans vn si grand peril vos iours sont asseurez,
Vos desseins ne sont sçeus d'aucun des coniurez,
Et décriuant tantost les miseres Romaines
Ie leur ay teu la mort qui fait naistre nos haines,
De peur que trop d'ardeur touchant vos interests
Sur mon visage émeu ne peignist nos secrets.
Nostre amour n'est cogneu que d'Euandre & Fuluie.

ÆMILIE.

Auec moins de frayeur ie vay donc chez Liuie,
Puisque dans ton peril il me reste vn moyen
De faire agir pour toy son credit & le mien:
Mais si mon amitié par là ne te deliure,
N'espere pas qu'en fin ie vueille te suiuiure,
Ie fay de ton destin des regles à mon sort,
Et i'obtiendray ta vie, ou ie suiuray ta mort.

CINNA.

Soyez en ma faueur moins cruelle à vous-mesme.

ÆMILIE.

Va-t'en, & ſouuien-toy ſeulement que ie t'ayme.

Fin du premier Acte.

ACTE II.

SCENE PREMIERE.

AVGVSTE, CINNA, MAXIME.

Troupe de Courtiſans.

AVGVSTE.

QVe chacun ſe retire, & qu'aucun n'entre icy,
Vous Cinna demeurez, & vous Maxime auſſi.
Cet empire abſolu ſur la terre & ſur l'onde,
Ce pouuoir ſouuerain que i'ay ſur tout le monde.
Cette grandeur ſans borne, & ce ſuperbe rang
Qui m'a iadis couſté tant de peine & de ſang,
Enfin tout ce qu'adore en ma haute fortune
D'vn courtiſan flatteur la preſence importune,
N'eſt que de ces beautez dont l'éclat ébloüit,
Et qu'on ceſſe d'aimer ſi toſt qu'on en ioüit.
L'ambition déplaiſt quand elle eſt aſſouuie,
D'vne contraire ardeur ſon ardeur eſt ſuiuie,
Et comme noſtre eſprit iuſqu'au dernier ſoûpir
Touſiours vers quelque obiet pouſſe quelque deſir,
Il ſe ramene en ſoy n'ayant plus où ſe prendre,
Et monté ſur le faiſte il aſpire à deſcendre.
I'ay ſouhaité l'Empire, & i'y ſuis paruenu,
Mais en le ſouhaitant ie ne l'ay pas cognu.
Dans ſa poſſeſſion i'ay trouué pour tous charmes
D'effroyables ſoucis, d'eternelles alarmes,
Mille ennemis ſecrets, la mort à tous propos,
Point de plaiſir ſans trouble, & iamais de repos.

Sylla

Sylla m'a precedé dans ce pouuoir supréme,
Le grand César mon pere en a iouy de mesme,
Sylla s'en est démis, mon pere l'a gardé,
Differens en leur fin comme en leur procedé,
L'vn cruel & barbare, est mort aymé, tranquille,
Comme vn bon citoyen dans le sein de sa ville,
L'autre tout debonnaire, au milieu du Senat,
A veu trancher ses iours par vn assassinat.
Ces exemples recens suffiroient pour m'instruire,
Si par l'exemple seul on se deuoit conduire,
L'vn m'inuite à le suiure, & l'autre me fait peur:
Mais l'exemple souuent n'est qu'vn miroir trompeur,
Et l'ordre du destin qui géne nos pensées
N'est pas tousiours écrit dans les choses passées:
Quelquefois l'vn se brise où l'autre s'est sauué,
Et par où l'vn perit vn autre est conserué.
Voilà, mes chers amis, ce qui me met en peine;
Vous qui me tenez lieu d'Agrippe, & de Mecéne,
Pour resoudre ce point auec eux debatu
Prenez sur mon esprit le pouuoir qu'ils ont eu:
Ne considerez point cette grandeur supréme
Odieuse aux Romains & pesante à moy-mesme,
Traitez-moy comme amy, non comme souuerain,
Rome, Auguste, l'Estat tout est en vôtre main,
Vous mettrez & l'Europe, & l'Asie, & l'Afrique
Sous les loix d'vn Monarque, ou d'vne Republique,
Vôtre aduis est ma regle, & par ce seul moyen
Ie veux estre Empereur, ou simple citoyen.

CINNA.

Mal-gré nostre surprise & non insuffisance,
Ie vous obeïray, Seigneur, sans complaisance,
Et mets bas le respect qui pourroit m'empescher
De combattre vn aduis où vous semblez pancher.
Souffrez-le d'vn esprit ialoux de vôtre gloire
Que vous allez soüiller d'vne tache trop noire,
Si

Si vous laiſſant ſeduire à ces impreſſions
Vous-meſme condamnez toutes vos actions.
On ne renonce point aux grandeurs legitimes,
On garde ſans remords ce qu'on acquiert ſans crimes, (quis,
Et plus le bien qu'on quitte eſt noble, grand, ex-
Plus qui l'oſe quitter le iuge mal acquis.
N'imprimez pas Seigneur, cette honteuſe marque
A ces rares vertus qui vous ont fait Monarque,
Vous l'eſtes iuſtement, & c'eſt ſans attentat
Que vous auez changé la forme de l'Eſtat,
Rome eſt deſſous vos loix par le droit de la guerre,
Qui ſous les loix de Rome a mis toute la terre,
Vos armes l'ont conquiſe, & tous les conquerans
Pour eſtre vſurpateurs ne ſont pas des tyrans;
Lors que noſtre valeur nous gagne vne Prouince,
Gouuernant iuſtement on deuient iuſte Prince.
C'eſt ce que fit Céſar, il vous faut auiourd'huy
Condamner ſa memoire, ou faire comme luy:
Si le pouuoir ſupréme eſt blamé par Auguſte,
Céſar fut vn tyran, & ſon trépas fut iuſte,
Et vous deuez aux Dieux compte de tout le ſang
Dont vous l'auez vangé pour monter à ſon rang.
Mais ſa mort vous fait peur? Seigneur, les deſtinées
D'vn ſoin bien plus exact veillent ſur vos années,
On a dix fois ſur vous attenté ſans effet,
Et qui l'a voulu perdre au meſme inſtant l'a fait.
On entreprend aſſez, mais aucun n'execute,
Il eſt des aſſaſſins, mais il n'eſt plus de Brute,
Enfin s'il faut attendre vn ſemblable reuers,
Il eſt beau de mourir maiſtre de l'vniuers.
C'eſt ce qu'en peu de mots i'oſe dire, & i'eſtime
Que ce peu que i'ay dit eſt l'aduis de Maxime.

MAXIME.

Ouy, i'accorde qu'Auguſte a droit de conſeruer
L'Empire où ſa vertu l'a fait ſeule arriuer,

Et qu'au prix de ſon ſang, au peril de ſa teſte,
Il a fait de l'Eſtat vne iuſte conqueſte :
Mais que ſans ſe noircir il ne puiſſe quitter
Le fardeau que ſa main eſt laſſe de porter,
Qu'il accuſe par là Céſar de tyrannie,
Qu'il approuue ſa mort, c'eſt ce que ie dénie.
Rome eſt à vous, Seigneur, l'Empire eſt voſtre bien,
Chacun en liberté peut diſpoſer du ſien,
Il le peut à ſon choix garder ou s'en défaire,
Vous ſeul ne pourriez pas ce que peut le vulgaire,
Et ſeriez deuenu pour auoir tout dompté
Eſclaue des grandeurs où vous eſtes monté?
Poſſedez-les, Seigneur ſans qu'elles vous poſſedent,
Loing de vous captiuer, ſouffrez qu'elles vous cedēt,
Et faites hautement cognoiſtre enfin à tous.
Que tout ce qu'elles ont eſt au deſſous de vous.
Voſtre Rome autrefois vous donna la naiſſance,
Vous luy voulez donner voſtre toute puiſſance,
Et Cinna vous impute à crime capital,
La liberalité vers le pays natal!
Il appelle remords l'amour de la patrie!
Par la meſme vertu la gloire eſt donc flétrie,
Et ce n'eſt qu'vn obiet digne de nos mépris,
Si de ſes plus hauts faits l'infamie eſt le prix.
Ie veux bien aduoüer qu'vne action ſi belle
Donne à Rome bien plus que vous ne tenez d'elle,
Mais ce n'eſt pas vn crime indigne de pardon
Quand la recognoiſſance eſt au deſſus du don.
Suiuez, ſuiuez, Seigneur, le Ciel qui vous inſpire,
Voſtre gloire redouble à mépriſer l'Empire,
Et vous ſerez fameux chez la poſterité
Moins pour l'auoir conquis, que pour l'auoir quitté.
Le bon-heur peut conduire à la grandeur ſupréme,
Mais pour y renoncer il faut la vertu meſme,
Et peu de genereux vont iuſqu'à dédaigner
Apres vn ſceptre acquis la douceur de regner,
Con-

Considerez d'ailleurs que vous regnez dans Rome,
Ou de quelque façõ que vostre Cour vous nomme,
On hait la Monarchie, & le nom d'Empereur
Cachant celuy de Roy ne fait pas moins d'horreur.
Ils passent pour tyran quiconque s'y fait maistre,
Qui le sert pour esclaue, & qui l'ayme pourtraistre,
Qui le souffre a le cœur lâche, mol, abatu,
Et pour s'en affranchir tout s'appelle vertu.
Vous en auez, Seigneur, des preuues trop certaines,
On a fait contre vous dix entreprises vaines,
Peut estre que l'vnziesme est preste d'éclater,
Et que ce mouuement qui vous vient agiter
N'est qu'vn aduis secret que le Ciel vous enuoye,
Qui pour vous conseruer n'a plus que cette voye.
Ne vous exposez plus à ces fameux reuers,
Il est beau de mourir maistre de l'vnivers,
Mais la plus belle mort soüille nostre memoire
Quãd nous auons pû viure auecque plus de gloire.

CINNA.

Si l'amour du pays doit icy préualoir,
C'est son bien seulement que vous deuez vouloir,
Et cette liberté qui luy semble si chere
N'est pour Rome, Seigneur, qu'vn bien imaginaire,
Plus nuisible qu'vtile, & qui n'approche pas
De celuy qu'vn bon Prince apporte à ses Estats.
Auec ordre & raison les honneurs il dispense,
Auecque iugement punit & recompense,
Ne precipite rien de peur d'vn successeur,
Et dispose de tout en iuste possesseur.
Mais quand le peuple est maistre on n'agit qu'en (tumulte,
La voix de la raison iamais ne se consulte,
Les honneurs sont vendu aux plus ambitieux,
Les magistrats donnez aux plus seditieux,
Ces petits Souuerains qu'il fait pour vne année,
Voyant d'vn temps si court leur puissance bornée,
Des plus heureux desseins font auorter le fruit,

De peur de le laisser à celuy qui les suit:
Comme ils ont peu de part au bien dont ils ordonnent,
Dedans le champs d'autruy largement ils moissonnent,
Asseurez que chacun leur pardonne aisement,
Esperant à son tour vn pereil traitement.
Le pire des Estats est l'Estat populaire.

AVGVSTE.

Et toutefois le seul qui dans Rome peut plaire,
Cette hayne des Roys que depuis cinq cens ans
Auec le premier laict succent tous ses enfans
Pour l'arracher des cœurs est trop enracinée.

MAXIME.

Ouy, Seigneur, dans son mal Rome est trop obstinée,
Son peuple qui s'y plaist en fuit la guerison,
Sa coustume l'emporte & non pas la raison,
Et cette vieille erreur que Cinna veut abatre
Est vne heureuse erreur dont elle est idolâtre,
Par qui le monde entier rangé dessous ses loix
L'a veu cent fois marcher sur la teste des Roys,
Son Espargne s'enfler du sac de leurs Prouinces,
Que luy pouuoient de plus donner les meilleurs Princes?
I'ose dire, Seigneur, que par tous les climats
Ne sont pas bien receus toutes sortes d'Estats,
Chaque peuple a le sien conforme à sa nature,
Qu'on ne sçauroit châger sans luy faire vne iniure,
Telle est la loy du Ciel dont la sage equité
Séme dans l'vniuers cette diuersité:
Les Macedoniens ayment le Monarchique,
Et le reste des Grecs la liberté publique,
Les Parthes, les Persans veulent des Souuerains,
Et le seul Consulat est bon pour les Romains.

CINNA.

S'il est vray que du Ciel la prudence infinie
Depart à chaque peuple vn different Genie,

Il eſt certain auſſi que cét ordre des Cieux
Change ſelon les temps comme ſelon les lieux.
Rome a receu des Roys ſes murs & ſa naiſſance,
Elle tient des Conſuls ſa gloire & ſa puiſſance,
Et reçoit maintenant de vos rares bontez
Le comble ſouuerain de ſes proſperitez.
Sous vous l'eſtat n'eſt plus en pillage aux armées,
Les portes de Ianus par vos mains ſont fermées,
Ce que tous ſes Conſuls n'ont pû faire deux fois,
Et qu'a fait auant eux le ſecond de ſes Roys.

MAXIME.

Les changemens d'Eſtat que fait l'ordre celeſte
Ne couſtent point de ſang, n'ont rien qui ſoit funeſte.

CINNA.

C'eſt vn ordre des Dieux qui iamais ne ſe rompt.
De nous vendre bien cher les grands bien qu'ils nous font,
L'exil des Tarquins meſme enſanglanta nos terres,
Et nos premiers Conſuls nous ont couſté des guerres.

MAXIME.

Donc voſtre ayeul Pompée au Ciel a reſiſté.
Quand il a combatu pour noſtre liberté.

CINNA.

Si le Ciel n'euſt voulu que Rome l'euſt perduë,
Par les mains de Pompée il l'auroit defenduë,
Il a choiſi ſa mort pour ſeruir dignement
D'vne marque eternelle à ce grand changement,
Et deuoit cét honneur aux Manes d'vn tel homme
D'emporter auec eux la liberté de Rome.
Ce nom depuis long-temps ne ſert qu'à l'ébloüyr,
Et ſa propre grandeur l'empeſche d'en iouyr:
Depuis qu'elle ſe voit la maiſtreſſe du monde,
Depuis que la richeſſe entre ſes murs abonde,
Et que ſon ſein fecond en glorieux emploits
Produit des citoyens plus puiſſans que des Rois,

Les grands pour s'affermir achetant les suffrages
Tiennent pompeusement leurs maistres a leurs gages,
Qui par des fers dorez se laissant enchaisner
Reçoiuent d'eux les loix qu'ils pésent leur donner.
Enuieux l'vn de l'autre ils ménent tout par brigues,
Que leur ambition tourne en sanglantes ligues:
Ainsi de Marius Sylla deuint ialoux,
César de mon ayeul, Marc Antoine de vous,
Ainsi la liberté ne peut plus estre vtile
Qu'à former les fureurs d'vne guerre ciuile,
Lors que par vn desordre à l'vniuers fatal
L'vn ne veut point de maistre, & l'autre point d'égal.
Seigneur, pour sauuer Rome, il faut qu'elle s'vnisse
Et la main d'vn bon Chef à qui tout obeïsse,
Et si vostre bonté la veut fauoriser,
Ostez luy les moyens de se plus diuiser.
Sylla quittant la place enfin bien vsurpée
N'a fait qu'ouurir le champ à César & Pompée,
Que le malheur du temps ne nous eust pas fait voir
S'il eust dans sa famille asseuré son pouuoir.
Qu'a fait du grand César le cruel parricide
Qu'éleuer contre vous Antoine auec Lepide,
Qui n'eussent pas déstruit Rome par les Romains
Si César eust laissé l'Empire entre vos mains?
Vous la replongerez en quittant cet Empire
Dans les maux dont à peine encor elle respire,
Et de ce peu, Seigneur, qui luy reste de sang
Vne guerre nouuelle épuisera son flanc.
Que l'amour du pays, que la pitié vous touche,
Vostre Rome à genoux vous parle par ma bouche
Considerez le prix que vous auez cousté,
Non pas qu'elle vous croye auoir trop acheptè,
Des maux qu'elle a soufferts elle est trop bié payée,
Mais vne iuste peur tient son ame effrayée;

Si ialoux de son heur & las de commander
Vous luy rendez vn bien qu'elle ne peut garder,
S'il luy faut à ce prix en achepter vn autre,
Si vous ne preferez son interest au vostre,
Si ce funeste don la met au desespoir,
Ie n'ose dire icy ce que i'ose préuoir. (stre
Conseruez-vous, Seigneur, luy conseruant vn mai-
Sous qui son vray bon-heur commẽce de renaistre?
Et daignez asseurer le bien commun de tous
Laissant vn successeur qui soit digne de vous.

AVGVSTE.

N'en deliberons plus, cette pitié l'emporte,
Mon repos m'est bien cher, mais Rome est la plus forte,
Et quelque grand malheur qui m'en puisse arriuer,
Ie consens à me perdre afin de la sauuer.
Pour ma tranquillité mon cœur en vain soûpire,
Cinna, par vos conseils ie retiendray l'Empire,
Mais ie le retiendray pour vous en faire part.
Ie sçay bien que vos cœurs n'ont point pour moy de fard,
Et que chacun de vous dans l'aduis qu'il me donne
Regarde seulement l'Estat & ma personne,
Vostre amour pour tous deux fait ce combat d'esprits,
Et ie veux que chacun en reçoiue le prix.
Maxime, ie vous fais Gouuerneur de Sicile,
Allez donner mes loix à ce terroir fertile,
Songez que c'est pour moy que vous gouuernerez,
Et que ie répondray de ce que vous ferez.
Pour espouse, Cinna, ie vous donne Æmilie,
Vous sçauez qu'elle tient la place de Iulie,
Et que si nos malheurs & la necessité
M'ont fait traiter son pere auec seuerité,
Mon Espargne depuis en sa faueur ouuerte
Doit auoir adoucy l'aigreur de cette perte;

Voyez-la de ma part, tachez de la gagner,
Vous n'estes pas pour elle vn homme à dédaigner,
Ie presume plustost qu'elle en sera rauie,
Adieu, i'en vay porter la nouuelle à Liuie.

SCENE II.

CINNA, MAXIME.

MAXIME.

QVel est vostre dessein apres ces beaux discours?

CINNA.

Le mesme que i'auois, & que i'auray tousiours.

MAXIME.

Vn Chef de coniurez flatte la tyrannie!

CINNA.

Vn Chef de coniurez la veut voir impunie!

MAXIME.

Ie veux voir Rome libre.

CINNA.

Et vous pouuez iuger
Que ie veux l'affranchir ensemble & la vanger.
Auguste aura saoulé ses damnables enuies,
Pillé iusqu'aux autels, sacrifié nos vies
Remply les champs d'horreur, comblé Rome de morts,
Et sera quitte apres pour l'effet d'vn remords!
Quand le Ciel par nos mains à le punir s'apreste,
Vn lâche repentir garantira sa teste!
C'est trop semer d'apas, & c'est trop inviter
Par son impunité quelqu'autre à l'imiter,
Vangeons nos citoyens, & que sa peine estonne
Quiconque apres sa mort aspire à la Couronne,
Que le peuple aux tyrans ne soit plus exposé,
S'il eust puny Sylla, César eust moins osé.

MAXIME.

Mais la mort de César que vous trouuez si iuste

A seruy

A seruy de pretexte aux cruautez d'Auguste,
Voulant nous affranchir Brute s'est abusé
S'il n'eust puny César, Auguste eust moins osé

CINNA.

La faute de Cassie, & ses terreurs Paniques
Ont fait tomber l'Estat sous des loix tyranniques,
Mais nous ne verrons point de pareils accidens
Lors que Rome suiura des Chefs moins imprudens.

MAXIME.

Nous sommes encor loing de mettre en éuidence
Si nous nous conduisons auec plus de prudence,
Cependant c'en est peu que de n'accepter pas
Le bon-heur qu'on recherche au peril du trépas.

CINNA.

C'en est encor bien moins alors qu'on s'imagine
Guerir vn mal si grand sans couper la racine:
Employer la douceur à cette guerison,
C'est en fermant la playe y verser du poison.

MAXIME.

Vous la voulez sanglante & la rendez douteuse.

CINNA.

Vous la voulez sans peine & la rendez honteuse.

MAXIME.

Pour sortir de ses fers iamais on ne rougit.

CINNA.

On ne sort lâchement si la vertu n'agit.

MAXIME.

Iamais la liberté ne cesse d'estre aymable,
Et c'est tousiours pour Rome vn bien inestimable.

CINNA.

Ce ne peut estre vn bien qu'elle daigne estimer
Quand il vient d'vne main lasse de l'opprimer:
Elle a le cœur trop bon pour se voir auec ioye
Le rebut du tyran dont elle fut la proye,
Et tout se que la gloire a de vrais partisans
Le hait trop puissamment pour aymer ses presens.

MAXIME.

Donc pour vous Æmilie eſt vn obiet de hayne,
Et cette recompenſe eſt pour vous vne peine?

CINNA.

Ouy, mais pour le brauer iuſque dans les Enfers
Quand nous aurõs vangé Rome des maux ſufferts,
Et que par ſon trépas ie l'auray meritée,
Ie veux ioindre a ſa main ma main enſanglantée,
L'épouſer ſur ſa cendre, & qu'apres noſtre effort
Lés preſens du tyran ſoient le prix de ſa mort.

MAXIME.

Mais l'apparence, amy, que vous puiſſiez luy plaire
Teint du ſang de celuy qu'elle ayme cõme vn pere,
Car vous n'eſtes pas homme à la violenter?

CINNA.

Amy dans ce Palais ont peut nous écouter,
Et nous parlons peut-eſtre auec trop d'imprudence
Dans vn lieu ſi mal propre à noſtre confidence.
Sortons, qu'en ſeureté i'examine auec vous
Pour en venir à bout les moyens les plus doux.

Fin du ſecond Acte.

ACTE III.

SCENE PREMIERE.

MAXIME, EVPHORBE,

MAXIME.

LVy-meſme il m'a tout dit, leur flame eſt mutuelle,
Il adore Æmilie, il eſt adoré d'elle,
Mais ſans vanger ſon pere il n'y peut aſpirer,
Et c'eſt pour l'acquerir qu'il nous faut conſpirer.

EVPHOR-

EVPHORBE.

Ie ne m'estonne plus de cette violence
Dont il contraint Auguste à garder sa puissance,
Sa ligue se romproit s'il en estoit démis,
Et tous vous coniurez deuiendroient ses amis.

MAXIME.

Ils seruent, abusez, la passion d'vn homme
Qui n'agit que pour soy feignãt d'agir pour Rome,
Et moy par vn mal-heur qui n'eut iamais d'égal
Ie pense seruir Rome & ie sers mon riual.

EVPHORBE.

Vous estes son riual !

MAXIME.

Ouy, i'ayme sa maistresse,
Et l'ay caché tousiours auec assez d'adresse,
Mon amour incognuë auant que d'éclater
Par quelque grand exploit la vouloit meriter:
Cependant par mes mains ie voy qu'il me l'enléue,
Son dessein fait ma perte, & c'est moy qui l'achéue,
I'auance des succez dont i'attens le trépas
Et pour m'assassiner ie luy preste mon bras.
Que l'amitié me plonge en vn mal-heur extréme!

EVPHORBE.

L'issuë en est aisée, agissez pour vous-mesme,
D'vn dessein qui vous perd rompez le coup fatal,
Gaignez vne maistresse accusant vn riual,
Auguste à qui par là vous sauuerez la vie
Ne vous pourra iamais refuser Æmilie.

MAXIME.

Quoy, trahir mon amy !

EVPHORBE.

L'amour rend tout permis,
Vn veritable amant ne cognoist point d'amis,
Et mesme auec iustice on peut trahir vn traistre
Qui pour vne maistresse ose trahir son maistre.
Oubliez l'amitié comme luy les bien-faits.

MAXI-

MAXIME.

Vn exemple à faillir n'autorise iamais.

EVPHORBE.

Sa faute contre luy vous rend tout legitime,
On n'est point criminel quand on punit vn crime.

MAXIME.

Vn crime par qui Rome obtient sa liberté!

EVPHORBE.

Craignez tout d'vn esprit si plein de lâcheté,
L'interest du pays n'est point ce qui l'engage,
Le sien, & non la gloire, anime son courage,
Il aymeroit César s'il n'estoit amoureux,
Et n'est en fin qu'ingrat & non pas genereux.
Pensez-vous auoir leu iusqu'au fond de son ame?
Sous la cause publique il vous cachoit sa flame,
Et peut cacher encor sous cette passion
Le detestables feux de son ambition.
Peut-estre qu'il pretend apres la mort d'Octaue
Au lieu d'affranchir Rome en faire son esclaue,
Qu'il vous conte desia pour vn de ses suiets,
Ou que sur vostre perte il fonde ses proiets.

MAXIME.

Mais comment l'accuser sans nommer tout le reste?
A tous nos coniurez l'aduis seroit funeste,
Et par là nous verrions indignement trahis
Ceux qu'engage auec nous le seul bien du pays.
D'vn si lâche dessein mon ame est incapable,
Il perd trop d'innocens pour punir vn coupable,
I'ose tout contre luy, mais ie crains tout pour eux.

EVPHORBE.

Auguste s'est lassé d'estre si rigoureux,
En ces occasions ennuyé de supplices
Ayant puny les Chefs il pardonne aux complices;
Si toutefois pour eux vous craignez son couroux,
Quand vous luy parlerez, parlez au nom de tous.

MAXI-

MAXIME.

Nous disputons en vain, & ce n'est que folie
De vouloir par sa perte acquerir Æmilie,
Ce n'est pas le moyen de plaire à ses beaux yeux
Que de priuer du iour ce qu'elle ayme le mieux.
Pour moy i'estime peu qu'Auguste me la donne,
Ie veux gagner son cœur plustost que sa personne,
Et ne fais point d'estat de sa possession,
Si ie n'ay point de part à son affection.
Puis-ie la meriter par vne triple offence?
Ie trahis son amant, ie détruis sa vangeance,
Ie conserue le sang qu'elle veut voir perir,
Et i'aurois quelque espoir qu'elle me peust cherir!

EVPHORBE.

C'est ce qu'à dire vray ie voy fort difficile,
L'artifice pourtant vous y peut estre vtile,
Il en faut trouuer vn qui la puisse abuser,
Et du reste, le temps en pourra disposer.

MAXIME.

Mais si pour s'excuser il nomme sa complice?
S'il arriue qu'Auguste auec luy la punisse?
Puis-ie luy demander pour prix de mon rapport
Celle qui nous oblige à conspirer sa mort?

EVPHORBE.

Vous pourriez m'opposer tant & de tels obstacles,
Que pour les surmonter il faudroit des miracles,
I'espere toutefois qu'à force d'y resuer....

MAXIME.

Va, deuant qu'il soit peu ie t'iray retrouuer,
Cinna vient, & ie veux en tirer quelque chose
Pour t'aller dire apres ce que ie me propose.

SCENE II.

CINNA, MAXIME.

MAXIME.

Vous me semblez pensif.

CINNA.

Ce n'est pas sans suiet.

MAXIME.

D'vn penser si profond quel est le triste obiet?

CINNA.

Æmilie & César l'vn & l'autre me gesne,
L'vn me semble trop bon, l'autre trop inhumaine,
Pleust aux Dieux que César auecque tout ses soins
Ou s'en fist plus aymer, ou m'aymast vn peu moins,
Que sa bonté touchast la beauté qui me charme,
Et la peust adoucir comme elle me desarme.
Ie sens dedans le cœur mille remords cuisans
Qui rendent à mes yeux tous ses bien-faits presens,
Cette faueur si pleine & si mal recognuë,
Par vn mortel reproche à tous momens me tuë
Il me semble sur tout incessament le voir
Déposer en nos mains son absolu pouuoir,
Escouter nos aduis, m'applaudir & me dire,
Cinna, par vos conseils ie retiendray l'Empire,
Mais ie le retiendray pour vous en faire part,
Et ie puis dans son sein enfoncer vn poignard!
Ah plustost... Mais helas! i'idolatre Æmilie,
Vn serment execrable à sa haine me lie,
L'horreur qu'elle a de luy me le rend odieux,
Des deux costez i'offence & ma gloire & les Dieux,
Ie deuiens sacrilege, ou ie suis parricide,
Et vers l'vn ou vers l'autre il faut estre perfide.

MAXI-

MAXIME.

Vous n'auiez point tantost ces agitations,
Vous paroissiez plus ferme en vos intentions,
Vous ne sentiez au cœur ny remords ny reproche.

CINNA.

On ne les sent aussi que quand le coup approche,
Et l'on ne recognoist de semblables forfaits
Que quand la main s'apreste à venir aux effets.
L'ame de son dessein iusques là possedée
S'attache aueuglément à sa premiere idée,
Mais alors quel esprit n'en deuient point troublé?
Ou plustost quel esprit n'en est point accablé?
Ie croy que Brute mesme à quel point qu'on le prise
Voulut plus d'vne fois rompre son entreprise,
Et qu'auant que frapper elle luy fit sentir
Plus d'vn remords en l'ame & plus d'vn repentir.

MAXIME.

Il eut trop de vertu pour tant d'inquietude.
Il ne soupçonna point sa main d'ingratitude,
Et fut contre vn tyran d'autant plus animé
Qu'il en reçeut de biens, & qu'il s'en vit aymé.
Comme vous l'imitez, faites la mesme chose,
Et formez vos remords d'vne plus iuste cause,
De vos lasches conseils qui seuls ont arresté
Le bon-heur renaissant de nostre liberté:
C'est vous seul auiourd'huy qui nous l'auez ostée,
De la main de César Brute l'eust acceptée,
Et n'eust iamais souffert qu'vn interest leger
De vangeance ou d'amour l'eust remise en danger,
N'écoutez plus la voix d'vn tyran qui vous ayme,
Et vous veut faire part de son pouuoir supréme,
Mais entendez crier Rome à vostre costé,
Rends moy, rends moy, Cinna, ce que tu m'as osté,
Et si tu m'as tantost preferé ta maistresse,
Ne me prefere pas le tyran qui m'opresse.

CINNA.

Amy, n'accable plus vn esprit mal-heureux
Qui mesme fait en lâche vn acte genereux.
Enuers nos citoyens ie sçay quelle est ma faute,
Et leur rendray bien-tost tout ce que ie leur oste,
Mais pardonne aux abois d'vne vieille amitié
Qui ne peut expirer sans me faire pitié,
Et laisse-moy, de grace, attendant Æmilie
Donner vn libre cours à ma melancolie,
Mon chagrin t'importune, & le trouble où ie suis
Veut de la solitude à calmer tant d'ennuis.

MAXIME.

Vous voulez rendre conte à l'obiet qui vous blesse
De la bonté d'Octaue, & de vostre foiblesse,
L'entretien des amans veut vn entier secret:
Adieu, ie me retire en confident discret.

SCENE III.

CINNA.

QVe tu sçais mal nommer le glorieux empire
Du noble sentiment que la vertu m'inspire,
Et que l'honneur oppose au coup precipité
De mon ingratitude & de ma lacheté! (se,
Mais plustost qu'à bon droit tu le nommes foibles-
Puisqu'il deuient si foible auprés d'vne maistresse,
Qu'il respecte vn amour qu'il déuroit étouffer,
Ou s'il l'ose combatre, il n'ose en triomfer?
En ces extremitez quel conseil doi-ie prendre?
De quel costé pancher? à quel party me rendre?
Qu'vne ame genereuse a de peine à faillir!
Quelque fruit que par la i'espere de cueillir,
Les douceurs de l'amour, celles de la vangeance,
La gloire d'affranchir le lieu de ma naissance,
N'ont point assez d'appas pour flater ma raison
S'il les faut acquerir par vne trahison,
S'il faut percer le flanc d'vn Prince magnanime,

Qui

Qui du peu que ie suis fait vne telle estime,
Qui me comble d'hõneurs, qui m'accable de biens,
Qui ne prend pour regner de cõseils que les miens,
O coup, ô trahison trop indigne d'vn homme!
Dure, dure à iamais l'esclauage de Rome,
Perisse mon amour, perisse mon espoir
Plustost que de ma main parte vn crime si noir.
Quoy! ne m'offre-t'il pas tout ce que ie souhaite,
Et qu'au prix de son sang ma passion achepte?
Pour iouyr de ses dons faut-il l'assassiner?
Et faut-il luy rauyr ce qu'il me veut donner?
Mais ie dépends de vous, ô serment temeraire,
O haine d'Æmilie, ô souuenir d'vn pere,
Ma foy, mon cœur, mon bras, tout vous est engagé,
Et ie ne puis plus rien que par vostre congé.
C'est à vous à regler ce qu'il faut que ie face.
C'est à vous, Æmilie, à luy donner sa grace,
Vos seules volontez president à son sort,
Et tiennent en mes mains & sa vie & sa mort.
O Dieux, qui comme vous la rendez adorable,
Rendez-la comme vous à mes vœux exorable,
Et puisque de ses loix ie ne puis m'affranchir,
Faites qu'à mes desirs ie la puisse fléchir.
Mais voicy de retour cette belle inhumaine.

SCENE IV.

ÆMILIE, CINNA, FVLVIE.

ÆMILIE.

GRaces aux Dieux, Cinna, ma frayeur estoit vaine,
Tes amis genereux n'ont point manqué de foy,
Et ne m'ont point reduite à m'employer pour toy
Octaue en ma presence a tout dit à Liuie,
Et par cette nouuelle il m'a rendu la vie.

CINNA.

Le desaduoüerez-vous, & du don qu'il me fait
Voudrez-vous retarder le bien-heureux effet?

ÆMILIE.

L'effet eſt en ta main.

CINNA.

Mais pluſtoſt en la voſtre.

ÆMILIE.

Ie ſuis touſiours moy-meſme, & mon cœur n'eſt point autre,
Me donner à Cinna, c'eſt ne luy donner rien,
C'eſt ſeulement luy faire vn preſent de ſon bien,

CINNA.

Vous pouuez toutefois... O Ciel! l'oſay-ie dire!

ÆMILIE.

Que puis-ie, & que crains-tu?

CINNA.

Ie tremble, ie ſoûpire,
Et ſi nos cœurs eſtoient conformes en deſirs,
Ie n'aurois pas beſoin d'expliquer mes ſoûpirs:
Ainſi ie ſuis trop ſeur que ie vay vous déplaire,
Mais ie n'oſe parler & ie ne me puis taire.

ÆMILIE.

C'eſt trop me geſner, parle.

CINNA.

Il faut vous obeyr.
Ie vay donc vous déplaire, & vous m'allez haïr.
Ie vous ayme, Æmilie, & le Ciel me foudroye
Si cette paſſion ne fait toute ma ioye,
Et ſi ie ne vous ayme auec toute l'ardeur
Que peut vn bel obiet attendre d'vn grand cœur:
Mais voyez à quel prix vous me dõnez voſtre ame,
Et me rendant heureux, vous me rendez infame,
Cette bonté d'Auguſte....

ÆMILIE.

Il ſuffit, ie t'entends,
Ie voy ton repentir & tes vœux inconſtans,
Les faueurs du tyran emportent tes promeſſes,
Tes veux & tes ſermens cedent à ſes careſſes,

Et

Et ton esprit credule ose s'imaginer
Qu'Auguste pouuant tout peut aussi me donner,
Tu me veux de sa main plustost que de la mienne,
Mais ne croy pas qu'ainsi iamais ie t'apartienne:
Il peut faire trembler la terre sous ses pas,
Ietter vn Roy du trône & donner ses Estats,
De ses proscriptions rougir la terre & l'onde,
Et changer à son gré l'ordre de tout le monde:
Mais le cœur d'Æmilie est hors de son pouuoir.

CINNA.

Aussi n'est-ce qu'à vous que ie le veux deuoir,
Ie suis tousiours moy mesme, & ma foy tousiours pure,
La pitié que ie sens ne me rend point pariure,
I'obey sans reserue à tous vos mouuemens,
Et prends vos interests par-dela mes sermens.
I'ay pû, vous le sçauez, sans pariure & sans crime
Vous laisser échapper cette illustre victime,
César se dépoüillant du pouuoir souuerain
Nous ostoit tout prétexte à luy perçer le sein,
La coniuration s'en alloit dissipée,
Vos desseins auortez, vostre haine trompée,
Moy seul i'ay raffermy son esprit estonné,
Et pour vous l'immoler ma main l'a couronné.

ÆMILIE.

Pour me l'immoler, traistre! & tu veux que moy-mesme,
Ie retienne ta main! qu'il viue & que ie l'ayme!
Que ie sois le butin de qui l'ose épargner,
Et le prix du conseil qui le force à regner!

CINNA.

Ne me condamnez point quand ie vous ay seruie,
Sans moy vous n'auriez plus de pouuoir sur sa vie,
Et malgré ses bienfaits ie rends tout à l'amour
Quand ie veux qu'il perisse ou vous doiue le iour.
Auec les premiers vœux de mon obeyssance

Souffrez

Souffrez ce foible effort de ma recognoiſſance,
Que ie tâche de vaincre vn indigne couroux,
Et vous donner pour luy l'amour qu'il a pour vous
Vne ame genereuſe & que la vertu guide
Fuit la honte des noms d'ingrate & de perfide,
Elle en hait l'infamie attachée au bon-heur,
Et n'accepte aucun bien aux deſpens de l'honneur.

ÆMILIE.

Ie fais gloire pour moy de cette ignominie,
La perfidie eſt noble enuers la tyrannie.
Et quand il faut répandre vn ſang ſi mal-heureux,
Les cœurs les plus ingrats ſon les plus genereux.

CINNA.

Vous faites des vertus au gré de voſtre haine.

ÆMILIE.

Ie me fais des vertus dignes d'vne Romaine.

CINNA.

Vn cœur vrayment Romain....

ÆMILIE.

Oſe tout pour rauir
Et le ſang & la vie à qui le fait ſeruir,
Il fuit plus que la mort la honte d'eſtre eſclaue.

CINNA.

C'eſt l'eſtre auec honneur que de l'eſtre d'Octaue,
Et nous voyous ſouuent des Roys à nos genoux
Implorer la faueur d'eſclaues tels que nous.
Il abaiſſe à nos pieds l'orgueil des Diadémes,
Il nous fait ſouuerains ſur leurs grandeurs ſupré-
mes,
Il prend d'eux les tributs dont il nous enrichit,
Et leur impoſe vn ioug dont il nous affranchit,

ÆMILIE.

L'indigne ambition que ton cœur ſe propoſe!
Pour eſtre plus qu'vn Roy tu te crois quelque choſe!
Aux deux bouts de la terre en eſt-il d'aſſez vain
Pour pretendre égaler vn citoyen Romain?

Antoine

Antoine sur sa teste attira nostre haine
En se deshonorant par l'amour d'vne Reyne,
Attale, ce grand Roy dans la pourpre blanchy
Qui du peuple Romain se nommoit l'affranchy,
Quand de toute l'Asie il se fust veu l'arbitre,
Eust encor moins prisé son trône que ce tiltre.
Souuien-toy de ton nom, soustien sa dignité,
Et prenant d'vn Romain la generosité,
Sçache qu'il n'en est point que le Ciel n'ait fait naistre
Pour commander aux Roys, & pour viure sans maistre.

CINNA.

Le Ciel a trop fait voir en de tels attentats
Qu'il hait les assassins, & punit les ingrats,
Et quoy qu'on entreprêne, & quoy qu'on execute,
Quand il éleue vn trône il en vange la cheute,
Il se met du party de ceux qu'il fait regner,
Le coup dont on les tuë est long temps à seigner,
Et quand à les punir il a pû se resoudre.
De pareils chastimens n'appartiennent qu'au foudre.

ÆMILIE.

Dy que de leur party toy mesme tu te rends
De te remettre au foudre à punir les tyrans,
Ie ne t'en parle plus, va, sers la tyrannie,
Abandonne ton ame à son lâche Genie,
Et pour rendre le calme a ton esprit flottant
Oublie & ta naissance & le prix qui t'attend.
Ie sçauray bien sans toy, dans ma noble colere,
Vanger les fers de Rome & le sang de mon pere;
I'aurois desia l'honneur d'vn si fameux trépas,
Si l'amour iusqu'icy n'eust arresté mon bras.
C'est luy qui sous tes loix me tenant asseruie
M'a fait en ta faueur prendre soin de ma vie,
Seule contre vn tyran en le faisant perir
Par les mains de sa garde il me falloit mourir,

Ie t'eusse par ma mort desrobé ta captiue,
Et comme pour toy seul l'amour veut que ie viue,
I'ay voulu, mais en vain, me conseruer pour toy,
Et te donner moyen d'estre digne de moy.
Pardonnez-moy, grands Dieux, si ie me suis trom- (pée
Quand i'ay pensé cherir vn neueu de Pompée,
Et si d'vn faux semblant mon esprit abusé
A fait choix d'vn esclaue en son lieu supposé.
Ie t'ayme toutefois, tel que tu puisses estre,
Tu te plains d'vn amour qui te veut rendre traistre,
Mille autres à l'enuy receuroient cette loy
S'ils pouuoient m'acquerir à mesme prix que toy:
Mais n'apprehende pas qu'vn autre ainsi m'obtienne,
Vis pour ton cher tyran tandis que ie meurs tienne,
Mes iours auec les siens se vont precipiter
Puisque ta lâcheté n'ose me meriter.
Vien me voir dãs son sang & dans le mien baignée
De ma seule vertu mourir accompagnée,
Et te dire en mourant d'vn esprit satisfait:
N'accuse point mon sort, c'est toy seul qui l'as fait,
Ie descens dans la tombe où tu m'as condamnée,
Où la gloire me suit qui t'estoit destinée,
Ie meurs en détruisant vn pouuoir absolu,
Mais ie viurois à toy si tu l'auois voulu.

CINNA.

Et bien, vous le voulez, il faut vous satisfaire,
Il faut afranchir Rome, il faut vanger vn pere,
Il faut sur vn tyran porter de iustes coups,
Mais aprenez qu'Auguste est moins tyrã que vous
S'il nous oste à son gré nos biens, nos iours, nos femmes,
Il n'a point iusqu'icy tyrannisé nos ames,
Mais l'empire inhumain qu'exerçent vos beautez
Force iusqu'aux esprits & iusqu'aux volontez:
Vous me faites priser ce qui me deshonore,

Vous

Vous me faites hayr ce que mon ame adore,
Vous me faites repandre vn sang pour qui ie dois
Exposer tout le mien en mille & mille fois,
Ie l'ay iuré, i'y cours, & vous serez vangée,
Mais ma main aussi tost dedans mon sein plongée
Aux manes d'vn tel Prince immolant vostre amant
A ce crime forçé ioindra le chastiment,
Et par cette action dans l'autre confonduë
Recouurera sa gloire aussi-tost que perduë.
Adieu.

SCENE V.

ÆMILIE, FVLVIE.

FVLVIE.

Vous auez mis son ame au desespoir.

ÆMILIE.

Qu'il cesse de m'aymer, ou suyue son deuoir.

FVLVIE.

Il va vous obeyr aux despens de sa vie;
Vous en pleurez!

ÆMILIE.

Helas! cours apres luy, Fuluie,
Et si ton amitié daigne me secourir,
Arrache-luy du cœur ce dessein de mourir,
Dy luy....

FVLVIE.

Qu'en sa faueur vous laissez viure Auguste?

ÆMILIE.

Ah! c'est faire à ma haine vne loy trop iniuste.

FVLVIE.

Et quoy donc?

ÆMILIE.

Qu'il acheue & dégage sa foy,
Et qu'il choisisse apres de la mort, ou de moy.

Fin du troisieme Acte.

ACTE

ACTE IV.

SCENE PREMIERE.

AVGVSTE, EVPHORBE, POLYCLETE.

AVGVSTE.

Out ce que tu me dis, Euphorbe, eſt
incroyable.

EVPHORBE.

Seigneur, le recit meſme en paroiſt
effroyable,
On ne conçoit qu'à force vne telle fureur,
Et la ſeule penſée en fait fremir d'horreur.

AVGVSTE.

Quoy, mes plus chers amis! quoy, Cinna! quoy,
Maxime!
Les deux que i'honorois d'vne ſi haute eſtime!
A qui i'ouurois mon cœur, & dont i'auois fait
choix
Pour les plus importans & plus nobles emplois!
Apres qu'entre leurs mains i'ay remis mon Em-
pire,
Pour m'arracher le iour l'vn & l'autre conſpire!
Encore pour Maxime, il m'en fait aduertir,
Et s'eſt laiſſé toucher à quelque repentir,
Mais Cinna!

EVPHORBE.

Cinna ſeul dans ſa rage s'obſtine,
Et contre vos bontez d'autant plus ſe mutine:
Luy ſeul combat encor les vertueux efforts
Que ſur les coniurez fait vn iuſte remords,
Et malgré les frayeurs à leurs regrets meſlées
Il tâche à raffermir leurs ames eſbranlées.

AVGVSTE.

Luy seul les encourage, & luy seul les seduit!
O le plus déloyal que l'Enfer ait produit!
O trahison conçeuë au sein d'vne Furie!
O trop sensible coup d'vne main si cherie!
Cinna, tu me trahis! Polyclete, écoutez.

POLYCLETE.

Tous vos ordres, Seigneur, seront executez.

AVGVSTE.

Qu'Eraste en mesme temps aille dire à Maxime
Qu'il vienne reçeuoir le pardon de son crime.

EVPHORBE.

Il l'a iugé trop grand pour se le pardonner.
A peine du Palais il a pû retourner,
Que de tous les costez lançant vn œil farouche,
Le cœur gros de soûpirs, les sanglots à la bouche,
Il deteste sa vie, & ce complot maudit,
M'en apprend l'ordre entier tel que ie vous l'ay dit,
Et m'ayant commandé que ie vous aduertisse,
Il adiouste : Dy luy que ie me fais iustice,
Que ie n'ignore pas ce que i'ay merité,
Puis soudain dans le Tibre il s'est precipité,
Et l'eau grosse & rapide & la nuit suruenuë
L'ont desrobé sur l'heure à ma debile veuë.

AVGVSTE.

Sous ses iustes remords il a trop succombé
Et s'est à mes bontez luy-mesme desrobé,
Il n'est crime enuers moy qu'vn repentir n'efface:
Mais puis qu'il a voulu renoncer à ma grace,
Allez pouruoir au reste, & faites qu'on ait soin
De tenir en lieu seur ce fidelle témoin.

SCENE II.

AVGVSTE.

Ciel, à qui voulez-vous desormais que ie fie
Le secret de mon ame, & le soin de ma vie?

Reprenez le pouuoir que vous m'auez commis
Si donnant des suiets il oste les amis,
Si tel est le destin des grandeurs souueraines
Que leurs plus grands bienfaits n'attirent que des haines,
Et si vostre rigueur les condamne à cherir
Ceux que vous animez à les faire perir.
Pour elles rien n'est seur, qui peut tout, doit tout craindre.
Rentre en toy-mesme, Octaue, & cesse de te plaindre,
Quoy, tu veux qu'on t'épargne, & n'as rien épargné!
Songe aux fleuues de sang où ton bras s'est baigné,
De combien ont rougy les champs de Macedoine,
Combien en a versé la défaite d'Antoine,
Combien celle de Sexte, & reuoy tout d'vn temps
Perouse au sien noyée & tous ses habitans,
Remets dans ton esprit apres tant de carnages
De tes proscriptions les sanglantes images
Où toy-mesme des tiens deuenu le bourreau
Au sein de ton tuteur enfonças le cousteau,
Et puis ose occuser ton destin d'iniustice
Si les tiens maintenant s'arment pour ton supplice,
Et si par ton exemple à ta perte guidez
Ils violent les droits que tu n'as pas gardez.
Leur trahison est iuste & le Ciel l'autorise,
Quitte ta dignité comme tu l'as acquise,
Rends vn sang infidelle à l'infidelité
Et souffre des ingrats apres l'auoir esté.
Mais que mon iugement au besoin m'abandonne!
Quelle fureur, Cinna, m'accuse & te pardonne?
Toy dont la trahison me force à retenir
Ce pouuoir souuerain dont tu me veux punir,
Me traite en criminel & fait seule mon crime,
Releue pour l'abatre vn trône illegitime,

Et

Et d'vn zele effronté couurant son attentat
S'oppose pour me perdre au bon-heur de l'Estat?
Donc iusqu'à l'oublier ie pourrois me contraindre!
Tu viurois en repos apres m'auoir fait craindre!
Non, non, ie me trahis moy-mesme d'y penser,
Qui pardonne aisément inuite à l'offenser,
Punissons l'assassin, proscriuons les complices.
Mais quoy! tousiours du sang, & tousiours des supplices!
Ma cruauté se lasse & ne peut s'arrester,
Ie veux me faire craindre, & ne fais qu'irriter;
Rome a pour ma ruine vne Hydre trop fertyle,
Vne teste coupée en fait renaistre mille,
Et le sang répandu de mille coniurez
Rend mes iours plus maudits & non plus asseurez.
Octaue, n'attends plus le coup d'vn nouueau Brute,
Meurs, & desrobe-luy la gloire de ta cheute,
Meurs, tu ferois pour viure vn lâche & vain effort
Si tant de gés de cœur font des vœux pour ta mort,
Et si tout ce que Rome a d'illustre ieunesse
Pour te faire perir tour à tour s'interesse,
Meurs, puisque c'est vn mal que tu ne peux guerir,
Meurs en fin puis qu'il faut ou tout perdre ou mourir.
La vie est peu de chose, & le peu qui t'en reste
Ne vaut pas l'acheter par vn prix si funeste,
Meurs, mais quitte du moins la vie auec éclat,
Esteins en le flambeau dans le sang d'vn ingrat,
A toy-mesme en mourant immole ce perfide,
Contentant de ses desirs puny son parricide,
Fais vn tourment pour luy de ton propre trépas
En faisant qu'il le voye & n'en iouysse pas:
Mais iouyssons plustost nous-mesme de sa peine,
Et si Rome nous hait, triomphons de sa haine,
O Romains, ô vangeance, ô pouuoir absolu,
O rigoureux combat d'vn cœur irresolu.

Qui fuit en mesme temps tout ce qu'il se propose,
D'vn Prince mal-heureux ordõnez quelque chose,
Qui des deux dois-ie suyure, & duquel m'éloigner,
Ou laissez-moy perir, ou laissez-moy regner.

SCENE III.

AVGVSTE, LIVIE.

AVGVSTE.

MAdame, on me trahit, & la main qui me tuë
Rend sous mes déplaisirs ma constance abbatuë,
Cinna, Cinna le traistre...

LIVIE.

Euphorbe m'a tout dit,
Seigneur, & i'ay pâly cent fois à ce recit.
Mais écouteriez-vous les conseils d'vne femme?

AVGVSTE.

Helas! de quel conseil est capable mon ame?

LIVIE.

Seigneur, iusques icy vostre seuerité
A fait beaucoup de bruit & n'a rien profité,
Par les peines d'vn autre aucun ne s'intimide,
Saluidien à bas a sousleué Lepide,
Murene a succedé, Cepion l'a suiuy,
Le iour a tous les deux dans le tourmens rauy
N'a point mis de frayeur dedans l'esprit d'Egnace
Dont Cinna maintenant ose imiter l'audace,
Et dans les plus bas rangs les noms les plus abiets
Ont voulu s'ennoblir par de si hauts proiets.
Apres auoir en vain puny leur insolence
Essayez sur Cinna ce que peut la clemence,
Faites son chastiment de sa confusion,
Cherchez le plus vtile en cette occasion,
Sa peine peut aigrir vne ville animée,
Son pardon peut seruir à vostre renommée,

Et ceux que vos rigueurs ne font qu'effaroucher
Peut-estre à vos bontez se laisseront toucher.

AVGVSTE.

Gaignons-les tout à fait en quittant cet Empire
Qui nous rend odieux, contre qui l'on conspire,
I'ay trop par vos aduis cousulté là dessus,
Ne m'en parlez iamais, ie ne consulte plus.
Cesse de soûpirer, Rome, pour ta franchise,
Si ie t'ay mise aux fers, moy-mesme ie les brise,
Et te rends ton Estat apres l'auoir conquis
Plus paisible & plus grand que ie ne te l'ay pris.
Si tu me veux hair, hay moy sans plus rien feindre,
Si tu me veux aymer, ayme moy sans me craindre:
De tout ce qu'eut Sylla de puissance & d'honneur,
Lassé comme il en fut, i'aspire à son bon-heur.

LIVIE.

Assez & trop long-temps son exemple vous flate,
Mais gardez que sur vous le contraire n'éclate:
Ce bon-heur sans pareil qui conserua ses iours
Ne seroit pas bon-heur s'il arriuoit tousiours.

AVGVSTE.

Aussi dedans la place où ie m'en vay descendre
I'abandonne mon sang à qui voudra l'épandre:
Apres vn long orage il faut trouuer vn port,
Et ie n'en voy que deux, le repos ou la mort.

LIVIE.

Quoy! vous voulez quitter le fruit de tant de peines!

AVGVSTE.

Quoy! vous voulez garder l'obiet de tant de haines?

LIVIE.

Seigneur, vous emporter à cette extremité
C'est plustost desespoir que generosité.

AVGVSTE.

Regner & caresser vne main si traistresse
Au lieu de sa vertu c'est monstrer sa foiblesse.

LIVIE.

C'eſt regner ſur vous meſme, & par vn noble choix
Pratiquer la vertu la plus digne des Rois.

AVGVSTE.

Vous m'auiez bien promis des conſeils d'vne fem(me,
Vous me tenez parole, & c'en ſont-là, Madame.
Apres tant d'ennemis à mes pieds abbatus
Depuis vingt ans ie regne & i'en ſçay les vertus,
Ie ſçay les ſoins qu'vn Roy doit auoir de ſa vie,
A quoy le bien public en ce cas le conuie,
Tout ſon peuple eſt bleſſé par vn tel attentat,
Et la ſeule penſée eſt vn crime d'Eſtat,
Vne offence qu'on fait à toute ſa Prouince,
Dont il faut qu'il la vange, ou ceſſe d'eſtre Prince.

LIVIE.

Donnez moins de croyance à voſtre paſſion.

AVGVSTE.

Ayez moins de foibleſſe, ou moins d'ambition.

LIVIE.

Ne traitez plus ſi mal vn conſeil ſalutaire.

AVGVSTE.

Le Ciel m'inſpirera ce qu'icy ie dois faire,
Adieu, nous perdons temps.

LIVIE.

Ie ne vous quitte point,
Seigneur, que mon amour n'aye obtenu ce point.

AVGVSTE.

C'eſt l'amour des grandeurs qui vous rend importune.

LIVIE.

I'ayme voſtre perſonne & non voſtre fortune.
Il m'échappe, ſuiuons, & le forçons de voir
Qu'il peut en faiſant grace affermir ſon pouuoir,
Et qu'en fin la clemence eſt la plus belle marque
Qui face à l'Vniuers cognoiſtre vn vray Monarque.

SCE-

SCENE IV.

ÆMILIE, FVLVIE.

ÆMILIE.

D'Où me vient cette ioye, & que mal à propos
Mõ esprit malgré moy gouste vn entier repos!
César mande Cinna sans me donner d'alarmes!
Mon cœur est sans soûpirs, mes yeux n'ont point de larmes,
Comme si i'apprenois d'vn secret mouuement
Que tout doit succeder à mon contentement!
Ay-ie bien entendu? me l'as tu dit, Fuluie?

FVLVIE.

I'auois gaigné sur luy qu'il aymeroit la vie,
Et ie vous l'amenois plus traitable & plus doux
Faite vn second effort contre ce grand couroux,
I'en rendois grace aux Dieux, quand soudain Polyclete,
Des volontez d'Auguste ordinaire interprete
Est venu l'aborder & sans suite & sans bruit
Et de sa part sur l'heure au Palais la conduit.
Auguste est fort troublé, l'on ignore la cause,
Chacun diuersement soupçonne quelque chose,
Tous présument qu'il aye vn grand suiet d'ennuy
Et qu'il mande Cinna pour prendre aduis de luy:
Mais ce qui plus m'estonne & que ie viens d'apprendre
C'est que deux inconnus se sont saisis d'Euandre,
Qu'Euphorbe est arresté sans qu'on sçache pourquoy,
Que mesmes de son maistre on dit ie ne sçay quoy,
On luy veut imputer vn desespoir funeste,
On parle d'eaux, de Tybre, & l'on se taist du reste.

ÆMILIE.

Que de suiets de craindre & de desesperer

Sans que mon triste cœur en daigne murmurer?
A chaque occasion le Ciel y fait descendre
Vn sentiment contraire à celuy qu'il doit prendre,
Vne vaine frayeur m'a pû tantost troubler,
Et ie suis insensible alors qu'il faut trembler.
Ie vous entends, grands Dieux, vos bontez que i'adore
Ne peuuent consentir que ie me deshonore,
Et ne me permettant souspirs, sanglots, ny pleurs,
Soustiennent ma vertu contre de tels mal-heurs:
Vous voulez que ie meure auec ce grand courage
Qui m'a fait entreprendre vn si fameux ouurage,
Et ie veux bien perir comme vous l'ordonnez,
Et dans la mesme assiette ou vous me retenez.
O liberté de Rome, ô Manes de mon pere,
I'ay fait de mon costez tout ce que i'ay pû faire,
Contre vostre tyran i'ay ligué ses amis,
Et plus osé pour vous qu'il ne m'estoit permis:
Si l'effet a manqué, ma gloire n'est pas moindre,
N'ayant pû vous vanger ie vous iray reioindre,
Mais si fumante encor d'vn genereux couroux,
Par vn trépas si noble & si digne de vous,
Que d'abord son éclat vous fera recognoistre
Le sang de grands Heros dont vous m'auez fait naistre.

SCENE V.

MAXIME, ÆMILIE, FVLVIE.

ÆMILIE.

MAis ie vous voy, Maxime, & l'on vous faisoit mort!

MAXIME.

Euphorbe trompe Auguste auec ce faux rapport,
Se voyant arresté, la trame découuerte,
Il a feint ce trépas pour empescher ma perte.

ÆMI-

ÆMILIE.

Que dit-on de Cinna?

MAXIME.

Que ſon plus grand regret
Eſt de voir que Céſar ſçait tout voſtre ſecret,
En vain il le dénie & le veut mécognoiſtre,
Euandre a tout conté pour excuſer ſon maiſtre,
Et par l'ordre d'Auguſte on vient vous arreſter.

ÆMILIE.

Celuy qui l'a receu tarde à l'executer,
Ie ſuis preſte à le ſuiure, & laſſe de l'attendre,

MAXIME.

Il vous attend chez moy.

ÆMILIE.

Chez vous!

MAXIME.

C'eſt vous ſurprendre,
Mais aprenez le ſoin que le Ciel a de vous,
C'eſt vn des coniurez qui va fuyr auec nous. (ſuiue,
Prenons noſtre auantage auant qu'on nous pour-
Nous auons vn vaiſſeau tout preſt deſſus la riue.

ÆMILIE.

Me cognois-tu, Maxime, & ſçais-tu qui ie ſuis?

MAXIME.

En faueur de Cinna ie fais ce que ie puis,
Et tâche à garantir de ce mal-heur extréme
La plus belle moitié qui reſte de luy-meſme.
Sauuons-nous Æmilie, & conſeruons le iour
Afin de le vanger par vn heureux retour.

ÆMILIE. (ſuiure:

Cinna dans ſon mal-heur eſt de ceux qu'il faut
Qu'il ne faut pas vanger de peur de leur ſuruiure:
Quiconque apres ſa perte aſpire à ſe ſauuer,
Eſt indigne du iour qu'il tâche à conſeruer.

MAXIME.

Quel deſeſpoir aueugle à ces fureurs vous porte?

O Dieux! que de foiblesse en vne ame si forte!
Ce cœur si genereux rend si peu de combat,
Et du premier reuers la fortune l'abat!
Rappelez, rappelez cette vertu sublime,
Ouurez en fin les yeux & cognoissez Maxime,
C'est vn autre Cinna qu'en luy vous regardez,
Le Ciel vous rend en luy l'amant que vous perdez,
Et puisque l'amitié n'en faisoit plus qu'vne ame,
Aymez en cet amy l'obiet de vostre flame:
Auec la mesme ardeur il sçaura vous cherir
Que...

ÆMILIE.

Tu m'oses aymer, & tu n'oses mourir!
Tu pretends vn peu trop, mais quoy que tu pretendes,
Rends-toy digne du moins de ce que tu demandes,
Cesse de fuyr en lâche vn glorieux trépas,
Ou de m'offrir vn cœur que tu fais voir si bas;
Fay que ie porte enuie à ta vertu parfaite,
Ne te pouuant aymer fay que ie te regrette,
Moustre d'vn vray Romain la derniere vigueur,
Et merite mes pleurs au defaut de mon cœur.
Quoy? si ton amitié pour Cinna t'interesse;
Croi-tu qu'elle consiste à flater sa maistresse?
Aprens, aprens de moy quel en est le deuoir,
Et donne m'en l'exemple, ou vien le reçeuoir.

MAXIME.

Nostre iuste douleur est trop impetueuse.

ÆMILIE.

La tienne en ta faueur est trop ingenieuse,
Tu me parles desià d'vn bien-heureux retour,
Et dans tes déplaisirs tu conçois de l'amour!

MAXIME.

Cét amour en naissant est toutefois extréme,
C'est vostre amant en vous, c'est mon amy que i'ayme,

Et

Et des mesmes ardeurs dont il fut embrasé....

ÆMILIE.

Maxime, en voilà trop pour vn homme aduisé,
Ma perte m'a surprise & ne m'a point troublée,
Non noble desespoir ne m'a point aueuglée,
Ma vertu toute entiere agit sans s'émouuoir,
Et ie voy malgré moy plus que ie ne veux voir.

MAXIME.

Quoy? vous suis-ie suspect de quelque perfidie?

ÆMILIE.

Ouy, tu l'es, puisque en fin tu veux que ie le die,
L'ordre de nostre fuite est trop bien concerté
Pour ne te soupçonner d'aucune lâcheté,
Les Dieux seroient pour nous prodigues en miracles.
S'ils en auoient sans loy leué tous les obstacles.
Fuy sans moy, tes amours sont icy superflus.

MAXIME.

Ah! vous m'en dites trop.

ÆMILIE.

I'en presume encor plus,
Ne crain pas toutefois que i'éclate en iniures,
Mais n'espere non plus m'éblouïr de pariures;
Si c'est te faire tort que de me défier,
Vien mourir auec moy pour te iustifier.

MAXIME.

Viuez, belle Æmilie, & souffrez qu'vn esclaue...

ÆMILIE.

Ie ne t'écoute plus qu'en presence d'Octave
Allons, Fuluie, allons.

SCENE VI.

MAXIME.

DEsesperé, confus,
Et digne, s'il se peut, d'vn plus cruel refus,
Que resous-tu, Maxime, & quel est le supplice

Que ta vertu prepare à ton vain artifice?
Aucune illusion ne te doit plus flater,
Æmilie en mourant va tout faire éclater,
Sur vn mesme échaffaut la perte de sa vie
Estalera sa gloire & ton ignominie,
Et porte auec son nom à la posterité
L'infame souuenir de ta déloyauté.
Vn mesme iour t'a veu par vne fausse adresse
Trahir ton souuerain, ton amy, ta maistresse,
Sans que de tant de droits en vn iour violez,
Sans que de deux amans au tyran immolez
Il te reste autre fruit que la honte & la rage
Qu'vn remords inutile allume en ton courage.
Euphorbe, c'est l'effet de tes lâches conseils,
Mais que peut-on attendre aussi de tes pareils?
Iamais vn affranchy n'est qu'vn esclaue infame,
Et pour changer d'estat il ne change point d'ame,
La tienne encor seruile auec la liberté
N'a pu prendre vn rayon de generosité:
Tu m'as fait releuer vne iniuste puissance,
Tu m'as fait démentir l'honneur de ma naissance,
Mon cœur te resistoit & tu l'as combatu
Iusqu'à ce que ta fourbe ait soüillé sa vertu,
Il m'en couste la vie, il m'en couste la gloire,
Et i'ay tout merité pour t'auoir voulu croire.
Mais les Dieux permettront à mes ressentimens
De te sacrifier aux yeux des deux amans,
Et i'ose m'asseurer qu'en dépit de mon crime
Mon sang leur servira d'assez pure victime,
Si dans le tien mon bras iustement irrité
Peut lauer le forfait de t'auoir écouté.

Fin du quatriesme Acte.

ACTE V.

SCENE PREMIERE.

AVGVSTE, CINNA.

AVGVSTE.

Prens vn siege, Cinna, prens, & sur toute chose
Obserue exactement la loy que ie t'impose.
Preste sans me troubler l'oreille à mes discours,
D'aucun mot, d'aucũ cry n'en interromps le cours,
Tien ta langue captiue, & si ce grand silence
A ton émotion fait quelque violence,
Tu pourras me respondre apres tout à loisir,
Sur ce point seulement contente mon desir.

CINNA.

Ie vous obeïray, Seigneur?

AVGVSTE.

Qu'il te souuienne
De garder ta parole, & ie tiendray la mienne.
Tu vois le iour, Cinna, mais ceux dont tu le tiens
Furent les ennemis de mon pere & les miens,
Ce fut dedans leur camp que tu pris la naissance,
Et quand apres leur mort tu vins en ma puissance,
Leur haine hereditaire ayant passé dans toy
T'auoit mis à la main les armes contre moy.
Tu fus mon ennemy mesme auant que de naistre,
Et tu le fus encor quand tu me pûs cognoistre,
Et le sang t'ayant fait d'vn contraire party
Ton inclination ne l'a point démenty.
Comme elle l'a suiuy, les effets l'ont suiuie,
Ie ne m'en suis vangé qu'en te donnant la vie:
Ie te fis prisonnier pour te combler de biens,
Ma Cour fut ta prison, mes faueurs tes liens,

Ie te restituay d'abord ton patrimoine,
Ie t'enrichis apres des dépoüilles d'Antoine,
Et tu sçais que depuis à chaque occasion
Ie suis tombé pour toy dans la profusion.
Toutes les dignitez que tu m'as demandées,
Ie te les ay sur l'heure & sans peine accordées,
Ie t'ay preferé mesme à ceux dont les parens
Ont iadis dans mon camp tenu les premiers rangs,
M'ont conserué le iour qu'à present ie respire,
Et m'ont de tout leur sang achepté cet Empire,
De la façon en fin qu'auec toy i'ay vescu
Les vainqueurs sont ialoux du bō-heur du vaincu.
Quand le Ciel me voulut en rappelant Mecéne
Apres tant de trauaux monstrer vn peu de haine,
Ie te donnay sa place en ce triste accident
Et te fis apres luy mon plus cher confident.
Auiourd'huy mesme encor mon ame irresoluë
Me pressant de quitter ma puissance absoluë
De Maxime & de toy i'ay pris les seuls aduis
Et ce sont malgré luy les tiens que i'ay suiuis.
Bien plus, ce mesme iour ie te donne Æmilie,
Le digne obiet des vœux de toute l'Italie,
Et qu'ont mise si haut mon amour & mes soins
Qu'en te couronnant Roy ie t'aurois donné moins.
Tu t'en souuiens, Cinna, tant d'heur & tant de gloire
Ne peuuent pas si tost sortir de ta memoire,
Mais ce qu'on ne pourrois iamais s'imaginer,
Cinna, tu t'en souuiens & veux m'assassiner.

CINNA.

Moy, Seigneur, moy que i'eusse vne ame si traistresse!
Qu'vn si lâche dessein....

AVGVSTE.

Tu tiens mal ta promesse,
Sied toy, ie n'ay pas dit encor ce que ie veux,
Tu te iustifieras apres si tu le peux,

Escoute cependant & tien mieux ta parole.
Tu veux m'assassiner, demain, au Capitole,
Pendant le sacrifice, & ta main pour signal
Me doit au lieu d'encens donner le coup fatal:
La moitié de tes gens doit occuper la porte,
L'autre moitié te suyure & te prester main forte
Asseurée au besoin du secours des premiers,
Te diray-ie les noms de tous ces meurtriers?
Procule, Glabrion, Virginian, Rutile,
Marcel, Plaute, Lenas, Pompone, Albin, Icile,
Maxime qu'apres toy i'auois le plus aymé:
Le reste ne vaut pas l'honneur d'estre nommé,
Vn tas d'hommes perdus de debtes & de crimes
Que pressent de mes loix les ordres legitimes,
Et qui desesperant de les plus euiter
Si tout n'est renuersé ne sçauroient subsister.
Tu te tais maintenant & gardes le silence
Plus par confusion que par obeïssance.
Quel estoit ton dessein, & que pretendois-tu
Apres m'auoir au temple à tes pieds abbatu?
Affranchir ton pays d'vn pouuoir Monarchique?
Si i'ay bien entendu tantost ta Politique,
Son salut desormais dépend d'vn Souuerain
Qui pour tout conseruer tienne tout en sa main,
Et si sa liberté te faisoit entreprendre
Tu ne m'eusses iamais empesché de la rendre,
Tu l'aurois acceptée au nom de tout l'Estat
Sans vouloir l'acquerir par vn assassinat.
Quel estoit donc ton but? d'y regner en ma place?
D'vn estrange mal-heur son destin le menace
Si pour monter au trône & luy donner la loy
Tu ne trouues dans Rome autre obstacle que moy,
Si iusques à ce point son sort est déplorable
Que tu sois apres moy le plus considerable,
Et que ce grand fardeau de l'Empire Romain
Ne puisse apres ma mort tomber mieux qu'en ta
main.

Aprens à te cognoiſtre, & deſcens en toy-meſme.
On t'honore dans Rome, on te courtiſe, on t'ayme,
Chacun tremble ſous toy, chacun t'offre des vœux,
Ta fortune eſt bien haut, tu peux ce que tu veux,
Mais en vn triſte eſtat on la verroit reduite
Si ie t'abandonnois à ton peu de merite.
Oſe me démentir, dy moy ce que tu vaux,
Conte-moy tes vertus, tes glorieux trauaux,
Les rares qualitez par où tu m'as deu plaire,
Et tout ce qui t'éleue au deſſus du vulgaire.
Ma faueur fait ta gloire, & ton pouuoir en vient,
Elle ſeule t'eleue, & ſeule te ſouſtient,
C'eſt elle qu'on adore & non pas ta perſonne,
Tu n'as credit ny rang qu'autant qu'elle t'en donne,
Et pour te faire choir ie n'aurois auiourd'huy
Qu'à retirer la main qui ſeule eſt ton appuy.
I'ame mieux toutefois ceder à ton enuie,
Regne, ſi tu le peux, aux dépens de ma vie,
Mais oſes-tu penſer que les Seruiliens,
Les Coſſes, les Metels, les Pauls, les Fabiens,
Et tant d'autres en fin de qui les grands courages
Des Heros des leur ſang ſont les viues images,
Quittent le noble orgueil d'vn ſang ſi genereux.
Iuſqu'à pouuoir ſouffrir que tu regnes ſur eux?
Parle, parle, il eſt temps.

CINNA.

Ie demeure ſtupide,
Non que voſtre colere ou la mort m'intimide,
Ie voy qu'on m'a trahy, vous m'y voyez reſuer,
Et i'en cherche l'autheur ſans le pouuoir trouuer.
Cette ſtupidité s'eſt en fin diſſipée,
Seigneur, ie ſuis Romain, & du ſang de Pompée,
Le pere & les deux fils lâchement égorgez,
Par la mort de Céſar eſtoient trop peu vangez.

C'eſt

C'eſt là d'vn beau deſſein l'illuſtre & ſeule cauſe,
Et puiſqu'à vos rigueurs la trahiſon m'expoſe,
N'attendez point de moy d'infames repentirs,
D'inutiles regrets, ny de honteux ſoûpirs;
Le ſort vous eſt propice autant qu'il m'eſt contraire,
Ie ſçay ce que i'ay fait & ce qu'il vous faut faire,
Vous deuez vn exemple à la poſterité,
Et mon trépas importe à voſtre ſeureté.

AVGVSTE.

Tu me braues, Cinna, tu fais le magnanime,
Et loin de t'excuſer tu couronnes ton crime.
Voyons ſi ta conſtance ira iuſques au bout.
Tu ſçais ce qui t'eſt deu, tu vois que ie ſçay tout,
Fay ton arreſt toy-meſme, & choiſy tes ſupplices.

SCENE II.

AVGVSTE, LIVIE, CINNA, ÆMILIE, FVLVIE.

LIVIE.

Vous ne cognoiſſez pas encor tous les cõplices,
Voſtre Æmilie en eſt, Seigneur, & la voicy.

CINNA.

C'eſt elle-meſme, ô Dieux!

AVGVSTE.

Et toy, ma fille, auſſi!

ÆMILIE.

Ouy, Seigneur, du deſſein ie ſuis la ſeule cauſe,
C'eſt pour moy qu'il conſpire, & c'eſt pour moy (qu'il oſe.

AVGVSTE.

Qu'oy! l'amour qu'en ton cœur i'ay fait naiſtre auiourd'huy
T'emporte-t'il deſia iuſqu'à mourir pour luy?
Ton ame à ces tranſports vn peu trop s'abandonne,
Et c'eſt trop toſt aymer l'amant que ie te donne.

ÆMI-

ÆMILIE.

Cet amour qui m'expose à vos ressentimens
N'est point le prompt effet de vos commandemens,
Ces flames dans nos cœurs dés long-temps estoient nées,
Et ce sont des secrets de plus de quatre années.
Mais quoy que ie l'aymasse & qu'il brûlast pour
Vne haine plus forte à tous deux fit la loy, (moy,
Ie ne voulus iamais luy donner d'esperance
Qu'il ne m'eust de mon pere asseuré la vangeance,
Ie la luy fis iurer, il chercha des amis,
Le Ciel rompt le succez que ie m'estois promis,
Et ie vous viens, Seigneur, offrir vne victime,
Non pour sauuer sa vie en me chargeant du crime,
Son trépas est trop iuste apres son attentat,
Et toute excuse est vaine en vn crime d'Estat:
Mourir en sa presence & reioindre mon pere
C'est tout ce qui m'améne & tout ce que i'espere.

AVGVSTE.

Iusques à quand, ô Ciel, & par quelle raison
Prendres-vous contre moy des traits dans ma maison?
Pour ses débordemens i'en ay chassé Iulie,
Mon amour en sa place a fait choix d'Æmilie,
Et ie la voy comme elle indigne de ce rang,
L'vne m'ostoit l'honneur, l'autre a soif de mõ sang,
Et prenant toutes deux leur passion pour guide
L'vne fut impudique & l'autre est parricide.
O ma fille, est-ce là le prix de mes bien-faits?

ÆMILIE.

Mon pere l'eut pareil de ceux qu'il vous a faits.

AVGVSTE.

Songe auec quel amour i'éleuay ta ieunesse.

ÆMILIE

Il esleua la vostre auec mesme tendresse,
Il fut vostre tuteur & vous son assassin,

Et vous m'auez au crime enseigné le chemin.
Le mien d'auec le vostre en ce point seul differe
Que vostre ambition s'est immolé mon pere,
Et qu'vn iuste couroux dont ie me sens brûler
A son sang innocent vouloit vous immoler.

LIVIE.

C'en est trop, Æmilie, arreste, & considere
Qu'il t'a trop bien payé les bien-faits de ton pere:
Sa mort dont la memoire allume ta fureur
Fut vn crime d'Octaue, & non de l'Empereur.
Tous ces crimes d'Estat qu'on fait pour la Couronne
Le Ciel nous en absout alors qu'il nous la donne,
Et dans le sacré rang où sa faueur l'a mis
Le passé deuient iuste & l'auenir permis.
Qui peut y paruenir ne peut estre coupable,
Quoy qu'il ait fait, ou face, il est inuiolable,
Nous luy deuons nos biens, nos iours sont en sa main,
Et iamais on n'a droit sur ceux du Souuerain.

ÆMILIE.

Aussi dans le discours que vous venez d'entendre
Ie parlois pour l'aigrir & non pour me defendre.
Punissez-donc, Seigneur, ces criminels apas
Qui de vos fauoris font d'illustres ingrats,
Tranchez mes tristes iours pour asseurer les vostres,
Si i'ay seduit Cinna, i'en seduiray bien d'autres,
Et ie suis plus à craindre, & vous plus en danger
Ayant auec vn pere vn amant à vanger,

CINNA.

Que vous m'ayez seduit, & que ie souffre encore
D'estre deshonoré par celle qui i'adore!
Seigneur, la verité doit icy s'exprimer,
I'auois fait ce dessein auant que de l'aymer.
A mes chastes desirs la trouuant inflexible,
Ie creus qu'à d'autres soins elle seroit sensible,

Ie

Ie parlay de ſon pere & de voſtre rigueur,
Et l'offre de mon bras ſuiuit celle du cœur.
Que la vangeance eſt douce à l'eſprit d'vne femme!
Ie l'attaquay par là, par là ie pris ſon ame.
Dans mon peu de merite elle me negligeoit,
Et ne pût negliger le bras qui la vangeoit,
Elle n'a conſpiré que par mon artifice,
I'en ſuis le ſeul autheur, elle n'eſt que complice.

ÆMILIE.

Cinna, qu'oſes-tu dire? eſt-ce là me cherir
Que de m'oſter l'hõneur quand il me faut mourir?

CINNA.

Mourez, mais en mourant ne ſoüillez point ma (gloire.

ÆMILIE.

La mienne ſe flétrit ſi Céſar te veut croire.

CINNA.

Et la mienne ſe perd ſi vous tirez à vous
Toute celle qui ſuit de ſi genereux coups.

ÆMILIE.

Et bien, prens-en ta part & me laiſſe la mienne,
Ce ſeroit l'affoiblir que d'affoiblir la tienne,
La gloire & le plaiſir, la honte & les tourmens,
Tout doit eſtre commun entre de vrais amans.
Nos deux ames, Seigneur, ſont deux ames Romaines,
Vniſſant nos deſirs nous vniſmes nos haines,
De nos parens perdus le vif reſſentiment
Nous apris nos deuoirs en vn meſme moment,
En ce noble deſſein nos cœurs ſe recontrerent,
Nos eſprits genereux enſemble le formerent,
Enſemble nous cherchons l'honneur d'vn beau trépas,
Vous vouliez nous vnir, ne nous ſeparez pas.

AVGVSTE.

Ouy, ie vous vniray, couple ingrat & perfide,
Et plus mon ennemy qu'Antoine, ny Lepide,

Ouy,

Ouy, ie vous vniray puisque vous le voulez,
Il faut bien satisfaire aux feux dont vous brulez,
Et que tout l'Vniuers sçachant ce qui m'anime
S'estonne du supplice aussi bien que du crime.

SCENE III.

AVGVSTE, LIVIE, CINNA, MAXIME, ÆMILIE, FVLVIE.

AVGVSTE.

Mais en fin le Ciel m'ayme, & parmy tant de (maux
Il m'a rendu Maxime, & l'a sauué des eaux.
Approche, seul amy que i'éprouue fidelle.

MAXIME.

Honorez moins, Seigneur, vne ame criminelle.

AVGVSTE.

Ne parlons plus de crime apres ton repentir,
Apres que du peril tu m'as sçeu garantir,
C'est à toy que ie dois & le iour, & l'Empire.

MAXIME.

De tous vos ennemis cognoissez mieux le pire,
Si vous regnez encor, Seigneur si vous viuez,
C'est ma ialouse rage à qui vous le deuez.
Vn vertueux remords n'a point touché mon ame,
Pour perdre mon riual i'ay découuert sa trame,
Euphorbe vous a feint que ie m'estois noyé
De crainte qu'apres moy vous n'eussiez enuoyé,
Ie voulois auoir lieu d'abuser Æmilie,
Effrayer son esprit, la tirer d'Italie,
Et pensois la resoudre à cet enleuement
Sous l'espoir du retour pour vanger son amant.
Mais au lieu de gouster ces grossieres amorces
Sa vertu combatuë a redoublé ses forces,
Elle a leu dans mon cœur, vous sçauez le surplus,
Et ie vous en ferois des recits superflus,
Vous voyez le succez de mon lâche artifice:

Si portant quelque grace est deuë à mon indice,
A vos bontez, Seigneur, i'en demanderay deux,
Le supplice d'Euphorbe & ma mort à leurs yeux.
I'ay trahy mon amy, ma maistresse, mon maistre,
Ma gloire, mon pays par l'aduis de ce traistre,
Et croiray toutefois mon bon-heur infiny
Si ie puis m'en punir apres l'auoir puny.

AVGVSTE.

En est-ce assez, ô Ciel, & le sort pour me nuire
A t'il qu'elqu'vn des miens quil vueille encor seduire?
Qu'il ioigne à ses efforts le secours des Enfers,
Ie suis maistre de moy comme de l'Vniuers:
Ie le suis, ie veux l'estre. O siecles, ô Memoire,
Conseruez à iamais ma derniere victoire,
Ie triomphe auiourd'huy du plus iuste couroux
De qui le souvenir puisse aller iusqu'à vous.
Soyons amis, Cinna, c'est moy qui t'en conuie,
Comme à mon ennemy ie t'ay donné la vie,
Et malgré la fureur de ton lâche destin
Il te la donne encor comme à mon assassin:
Commençons vn combat qui monstre par l'issuë
Qui l'aura mieux de nous ou donnée, ou receuë.
Tu trahis mes bien-faits, ie les veux redoubler,
Ie t'en auois comblé, ie t'en veux accabler,
Auec cette beauté que ie t'auois donnée
Reçoy le Consulat pour la prochaine année.
Ayme Cinna, ma fille, en cet illustre rang,
Preferes en la pourpre à celle de mon sang,
Aprens à mon exemple à vaincre ta colere,
Te rendant vn époux ie te rends plus qu'vn pere.

ÆMILIE.

Et ie me rends, Seigneur, à ces hautes bontez,
Ie recouure la veuë auprés de leurs clartez,
Ie cognoy mon forfait qui me sembloit iustice,

Et

Et ce que n'auoit peu la terreur du supplice
Ie sens naistre en mon ame vn repentir puissant,
Et mon cœur en secret me dit qu'il y consent.
Le Ciel a resolu vostre grandeur supresme, (mesme,
Et pour preuue, Seigneur, ie ne veux que moy-
I'ose auec vanité me donner cet éclat, (l'Estat.
Puisqu'il change mon cœur, qu'il veut changer
Ma haine va mourir que i'ay creuë immortelle,
Elle est morte, & ce cœur deuient suiet fidelle,
Et prenant desormais cette haine en horreur,
L'ardeur de vous seruir succede à sa fureur.

CINNA.

Seigneur, que vous diray-ie, apres que nos offences
Au lieu de chastimens trouuent des recompenses?
O vertu sans exemple! ô clemence, qui rend
Vostre pouuoir plus iuste & mon crime plus grãd!

AVGVSTE.

Cesse d'en retarder vn oubly magnanime,
Et tous deux auec moy faites grace à Maxime,
Il nous a trahis tous, mais ce qu'il a commis
Vous conserue innocens & me rend mes amis.
Reprends auprés de moy ta place accoustumée,
Rentre dans ton credit & dans ta renommée,
Qu'Euphorbe de tous trois ait sa grace à son tour,
Et que demain l'Hymen couronne leur amour.
Si tu l'aymes encor, ce sera ton supplice.

MAXIME.

Ie N'en murmure point, il a trop de iustice,
Et ie suis plus confus, Seigneur, de vos bontez,
Que ie ne suis ialoux du bien que vous m'ostez.

CINNA.

Souffrez que ma vertu dans mon cœur rappellée
Vous consacre vne foy lâchement violée,
Mais si ferme à present, si loin de chanceler,
Que la cheute du Ciel ne pourroit l'ébranler.
Puisse le grand Moteur de belles destinées

Pour prolonger vos iours retrancher nos années,
Et moy par vn bon-heur dont chacun soit ialoux
Perdre pour vous cent-fois ce que ie tiens de vous.

LIVIE.

Ce n'est pas tout, Seigneur, vne celeste flamme
D'vn rayon Prophetique illumine mon ame,
Oyez ce que les Dieux vous font sçauoir par moy,
De vostre heureux destin c'est l'immuable loy,
Apres cette action vous n'auez rien à craindre,
On portera le ioug desormais sans se plaindre,
Et les plus indomptez renuersant leurs proiets
Mettront toute leur gloire à mourir vos suiets:
Aucun lâche dessein, aucune ingrate enuie
N'attaquera le cours d'vne si belle vie,
Iamais plus d'assassins, ny de conspirateurs,
Vous auez trouué l'art d'estre maistre de cœurs,
Rome auec vne ioye & sensible & profonde
Se demet en vos mains de l'Empire du monde,
Vos Royales vertus luy vont trop enseigner
Que son bon-heur consiste à vous faire regner.
D'vne si longu[illegible]ur pleinement affranchie
Elle n'a plus de vœux que pour la Monarchie,
Vous prepare desia des Temples, des Autels,
Et le Ciel vne place entre les immortels,
Et la posterité dans toutes les Prouinces
Donnera vostre exemple aux plus genereux Princes.

AVGVSTE.

I'en accepte l'augure, & i'ose l'esperer,
Ainsi tousiours les Dieux vous daignent inspirer;
Qu'on redouble demain les heureux sacrifices
Que nous leur offrirons sous de meilleurs auspices,
Et que vos coniurez entendent publier
Qu'Auguste a tout apris & veut tout oublier.

FIN.

www.ingramcontent.com/pod-product-compliance
Lightning Source LLC
LaVergne TN
LVHW012356220826
846092LV00002B/553

9782329694238